対決安倍政権

―暴走阻止のために

Igarashi Jin
五十嵐 仁 著

学習の友社

はしがき

幸兵衛　２０１４年もあと数日だが、一口で言うとアベノ何とかに覆われた妙な年だった。
隠居　戦前の一時期がデジャ・ヴュ（既視感）風に重なるのだ。

新聞に出ていた、このような会話が目につきました。これは松尾羊一さんが書かれた「長屋の隠居てれび指南帳」の最初の部分です。『毎日新聞』２０１４年12月25日付夕刊に掲載されていました。
この幸兵衛と隠居との会話は、次のように続いていきます。

隠　……アベノミクスには国家総動員法に近い気分が見え隠れするのだ。……「産めよ殖やせよ、国のため」って。……先日、ＮＨＫが斎藤隆夫の反軍演説を取り上げていたが、今の国会は「翼賛議員」だらけだ。
幸　政治に限らない。マスコミ、わけてもテレビの不元気さ。籾井勝人ＮＨＫ会長以下経営委員の人選、一部の発言問題と「報道の公平」をめぐり自民党のテレビ局への圧力。……
隠　もちろん民主主義の今とは次元が違う。一方的なプロパガンダ放送のラジオと戦果報道の新聞、無関心な国民以外は「非国民」の時代に戻ることはないだろう。そう言い切れるか。

「そう言い切れる」と答えたい。そう言い切れる世の中にしていきたい。
そう思って、この本を書きました。そのためにも、安倍政権と真正面から「対決」しなければなりません。そのための武器を鍛え上げ、皆さんの手に届けることが私の責任であり役割だと思ったからです。

幸兵衛と隠居の会話にあるように、まるで「戦前の一時期」を目にするかのような光景が見え隠れする一年でした。力を信奉する好戦的軍国主義者によって「積極的平和主義」が唱えられ、非科学的な歴史修正主義と反知性主義の立場からの歴史認識や「教育再生」が押しつけられ、自由と人権、法の支配を尊重しない人物による「価値観外交」が展開される。まるで「ブラック・ジョーク」のような光景ではありませんか。

その中心にいるのが、「もし私を右翼の軍国主義者と呼びたいのならどうぞ」と居直った安倍首相、その人です。このような人とは、まず「対決」する必要があります。そのための勇気を持ち、覚悟を固めることです。本書は、そのために書かれました。

14年末の総選挙で安倍首相は「圧勝」したと豪語しています。しかし、実際にはアベノミクスによる景気回復の一点に争点を絞り、集団的自衛権行使容認、原発再稼働、環太平洋経済連携協定（TPP）参加、改憲など他の重要政策課題については徹底した争点隠しに終始しました。自民党への投票は「アベノミクスで景気が良くなるなら、もう少し様子を見てみよう」というもので、一種の「執行猶予」による支持であったと思われます。

この先、景気が回復せず、消費不況や物価高で生活が苦しくなれば、この「猶予」はたちまち解除され、安倍首相には「実刑」が課されるにちがいありません。それを「白紙委任された」などと勘違いして、集団的自衛権行使容認の法改定や川内原発の再稼働などで新たな「暴走」を始めれば、その時には大きなしっぺ返しを食らうことになるでしょう。すでに、自民党が全滅した沖縄の小選挙区では、そのような前例が生まれているのですから……。

また、1月に入って「イスラム国」※（IS）を名乗る過激派集団による日本人人質殺害事件が発生し

※54ページ参照

ました。このような残虐非道で残忍な犯罪は許されるものではなく、断固として糾弾しなければなりません。日本全体が敵視され、今後も標的とされる危険性が生じたことも重大な問題です。

事件そのものは断じて許されない蛮行ですが、同時に、そのきっかけとなったのは安倍首相による「イスラム国」を名指ししての中東諸国への資金拠出表明であり、イスラエルとの友好関係を誇示した「挑発行為」だったという点も軽視するわけにはいきません。

ＩＳからの殺害予告は安倍首相の言動に対する報復としてなされ、人質の一人であった湯川遥菜さんを殺害したあとの動画では、「日本政府が72時間以内に何もしなかったから殺害した。アベがハルナを殺害したのだ」と明言しています。もう一人の人質だった後藤健二さんの殺害を明らかにしたビデオでも「安倍（首相）よ、勝ち目のない戦争に参加するという無謀な決断によって、このナイフは健二だけを殺害するのではなく、お前の国民はどこにいたとしても、殺されることになる」と、安倍首相が名指しされていました。問題は安倍首相にあったのです。

首相の自己顕示欲と無分別が引き起こした悲劇が、今回の人質殺害事件でした。ひとりの愚かな首相の思慮に欠けたパフォーマンスが平和国家としての日本のイメージを大きく転換させ、世界中の日本人を危険にさらすことになったのです。

これもまた、安倍首相の暴走が招いた重大な惨事だったというべきでしょう。このような暴走を阻止するには、まず「対決」するしかありません。ブレーキをかけて、ストップさせることです。同時に、対案を提起してハンドルを切り、進むべき方向を変えることも必要です。

ブレーキをかけるためには、猛スピードで突っ走っている安倍首相が目指しているこれからの日本とはどのようなものなのか、それがいかに危険で国民を不幸にする道なのかを、まず理解していただかなければなりません。そのために、本書が役立つことを願っています。

第1章　総選挙での対決

（1）勝利したのはどの政党か

寝込みを襲うような突然の解散

国民の寝込みを襲うような突然の解散・総選挙でした。国民が寝ぼけまなこをこすっているうちに、さっさと選挙をやって票をかすめ取ろうという作戦だったのかもしれません。圧倒的な無勢で奇襲攻撃をかけ、今川義元の多勢を打ち破った織田信長とは逆に、大軍をもって奇襲攻撃をかけた「逆桶狭間」の合戦だったという見方もあります。

安倍首相がこのような奇襲攻撃をかけたのはなぜでしょうか。考えられるのは、「政治とカネ」の問題で窮地に立たされたことです。第二次安倍改造内閣が出発した直後、「目玉」とされた女性閣僚のうち小渕優子経産相と松島みどり法相が辞任するという予想外の事態が生じました。「政治とカネ」の問題はその後も止まず、11月28日には政治資金収支報告書の公表が予定されていました。安倍首相が記者会見で解散を発表したのは、その10日前の11月18日です。

もう一つの理由は、消費税再増税の延期問題です。消費税を8％から10％へと再増税するかどうかについて判断する期限が迫り、苦慮した安倍首相は7～9月の実質国内総生産（GDP）の成長率が2期連続でマイナスを記録したのを見て再増税の延期を決断します。そうすれば自らの責任問題が生じ、財務省からの激しい抵抗も予想されました。責任を回避し、抵抗を押し切るためには政権基盤の再編が必要でした。そのために解散・総選挙に踏み切ったという見方があります。

さらに、安倍内閣の支持率の低下も無視できない要因でした。改造内閣の発足直後は「ご祝儀相場」的な支持率の回復がありましたが、長期的には低下傾向であることは否めません。日本経済新聞社とテレビ東京による10月の世論調査で安倍内閣の支持率は48％と9月の前回調査より5ポイント下がり、7月と並んで最低となりました。野党の選挙準備が整っていない今のうちに解散・総選挙に打って出た方が得策だという判断が働いたのではないでしょうか。

どのような理由が正しいかは分かりません。しかし、政権基盤を強化するための解散であり、そのことによって当面の難局を乗り切り、15年秋の自民党総裁選挙での再選を果たして長期政権への道を開きたいという打算が働いていたことは確かでしょう。問題は、その打算通りになったのか、ということです。

本当に勝ったのはどこか

衆院は11月21日に解散し、12月2日公示、14日投・開票という日程で実施されました。その結果は、図表1に示される通りです。

安倍首相は選挙での獲得目標として、与党で過半数以上という低い目標を設定しました。マスメディアはこの策略にのせられ、実際には解散前とほぼ同程度の勢力を維持したにすぎないのに、自民党が「圧勝」したかのような印象を与えられ、そのような情報を振りまきました。

図表1と図表2を見れば分かるように、今回の選挙で最も議席と得票を増やしたのは共産党で13議席増、小選挙区で234万票、比例代表で237万票の増となっ

図表1　衆議院議員選挙　党派別議席数（2014年12月14日）

	自民	民主	維新	公明	共産	次世代	生活	社民	改革	無所属	合計
議　席	**291**	**73**	**41**	**35**	**21**	**2**	**2**	**2**	**0**	**8**	**475**
増　減	−2	＋11	−1	＋4	＋13	−17	−3	±0	±0	−7	
小選挙区	223	38	11	9	1	2	2	1	—	8	295
比　例	68	35	30	26	20	0	0	1	0	—	180
公示前	293	62	42	31	8	19	5	2	0	17	479

＊自民党は当日夜の追加公認1人を含む。

ています。最も議席を減らしたのは次世代の党で17議席減という惨敗です。このような議席の増減から選挙の結果を端的にいえば、国会内での手ごわい反対勢力である左翼を増やし、「是々非々」で政権の応援団にもなる極右を減らしたことになります。

国会を解散して総選挙を実施しなければこのような結果にはならなかったはずです。少なくともあと2年間は安倍政権にとっては好ましい勢力関係を維持できたにちがいありません。しかし、突然の解散・総選挙によって安倍首相はこのような勢力関係を変えるリスクを犯し、結果として共産党や民主党の議席を増やして左翼の比重を高めることになりました。まことに皮肉な結果だったというべきでしょう。

また、自民党は「圧勝」したとされていますが、議席総数で2議席、小選挙区では２２２議席と15議席減らし（当日夜の追加公認を加えると２２３議席）、小選挙区の得票数も２５４６万票で18万票の減少です。小選挙区での得票数の推移を見れば、自民党は09年に５２２万票減、12年に１６６万票減、そして今回も18万票減と一貫して減らしてきました。

それにもかかわらず多数議席を獲得してきたのは、比較第1党が議席を獲得できる小選挙区制のカラクリのためで、今回も48・１％の得票率で、75・３％の議席を得ています。この間、有権者は自民党にダメを出し続けているにもかかわらず、その意思は全く議席に反映されていません。

今回は小選挙区で得票数だけでなく議席も減らしましたが、それでも

図表2　党派別得票数〔増減〕と絶対得票率（有権者内での割合：％）

	小選挙区		比例代表	
	得票数〔増減〕（万票）	絶対得票率	得票数〔増減〕（万票）	絶対得票率
自民	2546〔 −18〕	24.5	1766〔+104〕	17.0
民主	1192〔−168〕	21.1	978〔 +15〕	9.4
維新	432〔−262〕	4.2	838〔−388〕	8.1
公明	766〔 −12〕	7.4	731〔 +19〕	7.0
共産	704〔+234〕	6.8	606〔+237〕	5.8
次世代	95	0.9	141	1.4
生活	51	0.5	103	1.0
社民	42〔 −3〕	0.4	131〔 −11〕	1.3
改革	—		2	0

自民党が「圧勝」できたのは比例代表で11議席増の68議席を獲得したからです。しかし、増やした得票数は104万票で、共産党が増やした票の半分にも及びません。

つまり、安倍首相が進めているアベノミクスによる一定の受益とその「おこぼれ」に対する期待は確かにあり、それは比例代表での104万票増に反映されています。しかし、アベノミクスに対する危惧と反対も強く、安倍首相の暴走にストップをかけてほしいという有権者の願いの方が2倍以上も多かったのです。

確かに、安倍首相は奇襲攻撃のような突然の解散・総選挙によって与党全体としての現状維持に成功しました。しかし、それはアベノミクスに対する異議申し立ての機会としても有効に活用され、国会の勢力関係を変えて強力な反対者の登場を促す結果となりました。

それは、安倍首相の目論見を大きく覆すものだったと言って良いでしょう。総選挙の結果は必ずしも安倍首相の「作戦勝ち」とは言い切れないものだったのです。

各党の消長

自民党は予想されていたような300議席突破はならず、選挙前の293議席より2議席減らして291議席となりました。議席を減らしたのですから勝利したわけではありません。自民党に投票した有権者の割合（絶対得票率）は小選挙区で24・5％、比例代表で17・0％と、4分の1以下にすぎないのです。

とはいえ、単独で安定多数を維持していますから、依然として強引な国

図表3　小選挙区の自民党の得票率と議席占有率の推移

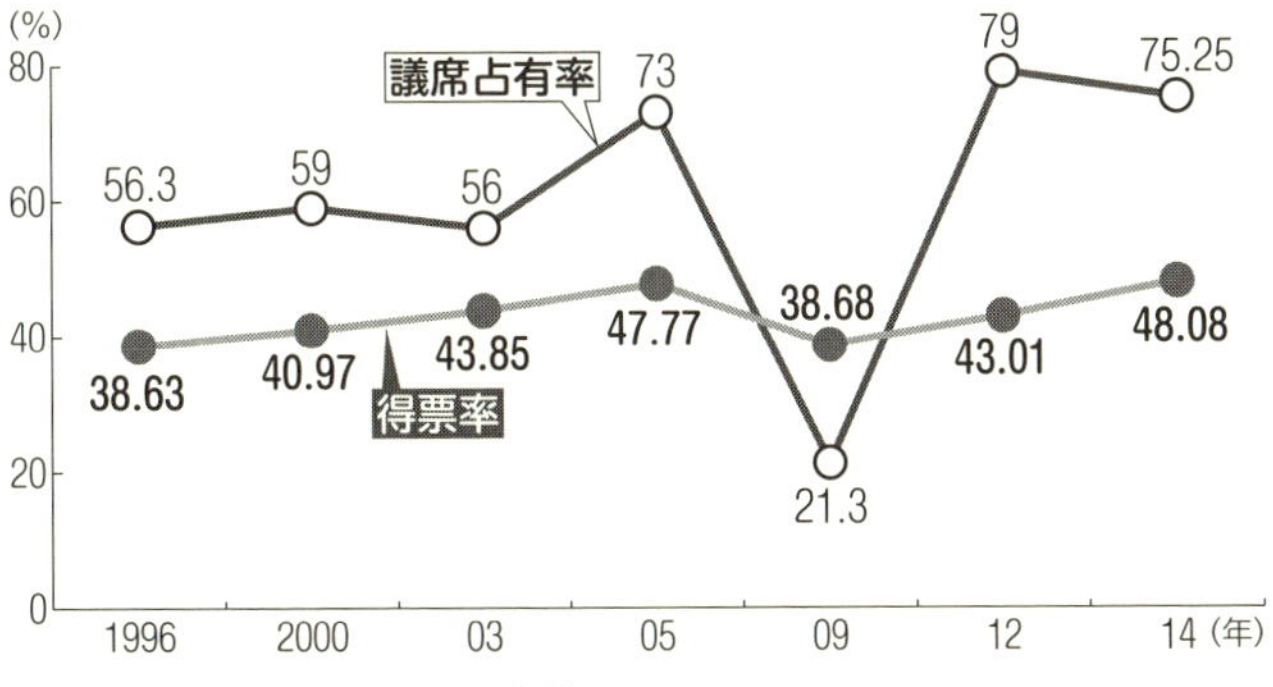

資料：「東京」2014年12月15日夕刊

会運営を行う基盤を得たことになります。「信任を得た」としてスピードアップする危険性もあり、「暴走」してきた安倍首相に「給油」するような形になってしまったという見方もできます。

公明党は選挙前の31議席から4議席増やして35議席になりました。その結果、与党では1議席増の326議席で衆院議席の3分の2を超え、参院で否決された法案の再可決が可能な勢力を維持しました。

与党としての勢力にほとんど変化はありませんでしたが、その内部で公明党の比重が増えたことには意味があります。これまでの安倍首相の暴走に不安を感じた国民の一部が、ここでも「ブレーキ役」としての期待をかけたのでしょう。

しかし、それは錆びついていて十分に作動するとは限りません。このことは集団的自衛権※行使容認の閣議決定に至る過程で示されており、関連法の改定でどれだけ効くかは不明です。消費税再増税に際しての「軽減税率導入」という約束とともに、今後の対応が試されることになります。

今回の選挙でも、小選挙区で自民党は公明党の支援を受けており、相互依存の構造はさらに定着したように見えます。自民党は公明党の意向を無視して政権運営を行うことは不可能になりつつあります。今回の選挙のタイミングも、15年春の統一地方選挙とかち合うことを避けたい公明党の考えを反映していたと見られています。

民主党は選挙前の65議席から11議席増やして73議席になりましたが、予想されたほどには回復しませんでした。党内には敗北感が漂い、小選挙区で当選できなかった海江田万里代表は辞任しています。

有権者の期待を裏切り失望を買った民主党政権の後遺症を癒すにも、野党の再編や選挙協力を進めるためにも、2年間は短かすぎたということでしょうか。この点では、安倍首相による「今のうち解

※集団的自衛権
他の国が武力攻撃を受けた場合に直接に攻撃を受けていない第三国が協力して共同で防衛を行う国際法上の権利。これまでは、憲法9条で許される自衛権は日本を防衛するための必要最小限の範囲にとどまるべきで、「集団的自衛権はその範囲を超え、憲法上許されない」とされてきた。

散」という戦術にまんまとはまってしまったということができます。

加えて、消費税増税や原発再稼働、ＴＰＰ※参加などの政策には民主党も反対しているわけではなく、改憲についての党内の意見も割れており、安倍首相の暴走に対してブレーキなのかアクセルなのか不明だという曖昧さがありました。海江田代表のキャラクターもあって支持は盛り上がらず、維新の党から批判されるなど選挙協力は不発で、十分な結果を生むには至りませんでした。

「第三極」では維新の党は１議席減の41議席と、ほぼ現状維持にとどまったかに見えます。しかし、前回の総選挙では54議席と躍進しました。これに比べれば、今回は13議席の減少になり、大きな後退だと言えます。得票でも、小選挙区で２６２万票、比例代表で３８８万票の減少となりました。どちらも、今回票を減らした政党の中では最大となっています。

維新の党の地盤である大阪では、前回14人出て12人当選しましたが、今回は14人出て選挙区では５人の当選にとどまりました、しかし、比例代表では自民党を上回る第１党で、32・４％の得票となって７人が復活当選しています。

当初の予想よりもかなり復調したように見えます。それは世論調査で自民党が３００議席で圧勝と報道されたことが影響したのではないでしょうか。「そんなに勝たせてもよいのか」「勝つなら入れる必要はない」ということで、自民党から維新に票が流れたと思われます。

前回の総選挙で健闘して18議席を獲得したみんなの党は、今回の選挙では姿を消し、渡辺喜美元代表は落選しました。まことに無残な末路ですが、そのために投票先を失って棄権してしまった支持者も少なくなかったでしょう。

最も安倍首相に恨みをぶつけたいと思っているのは、次世代の党の平沼赳夫代表ではないでしょうか。次世代の党は公認48人に対して当選は２議席と惨敗し、19議

※ＴＰＰ
環太平洋経済連携協定の略称。米国、オーストラリア、シンガポール、ニュージーランド、ベトナム、チリなど９カ国で交渉しており、日本も参加している。モノやサービス、政府調達、貿易などの幅広い分野を対象とし、関税は例外なく撤廃するのが原則。

席が17も減って壊滅的な打撃を受けました。

次世代の党は安倍首相の応援団として行動し、自民党を右に引っ張る役割を演じました。今回の選挙では「ネトウヨ」などを頼りに保守色を前面に出し、「生活保護は日本人に限定」「慰安婦問題はでっちあげ」などと主張しました。このような極右政党を見限ったところに、日本の有権者の見識が示されています。

しかし、この党をあなどってはなりません。ネット上の動画の再生回数は30万回を超え、ツイッターのフォロワーも自民、公明に次いでいます。比例代表の得票数は141万票に上り、社民党の131万票や生活の党の103万票よりも多いのです。日本社会の右傾化を示す兆候として警戒する必要があるでしょう。

（2）鮮明になった自共対決

共産党の躍進

共産党は公示前の8議席から13議席も増やして2倍以上の21議席となり、議案提案権を獲得しただけではありません。沖縄1区では辺野古での新基地反対の「一点共闘」という「統一戦線の萌芽形態」によって赤嶺政賢候補を当選させ、「小選挙区制の壁」を突破することに成功しました。

比例代表でも、10％を超えたのは、東京（15・4％）、近畿（12・8％）、北海道（12・1％）、南関東（11・9％）、北関東（11・7％）、北陸信越（10・1％）、四国（10・1％）の7ブロックに及びました。特に、20・3％を得た高知県と18・6％を得た京都府では、民主、公明、維新などを抑えて自民党に次ぐ第2党となり、得票のうえでも「自共対決」になったわけです。

なお、総選挙の結果、共産党の女性国会議員は10人となり、衆参両院で占める割合が31・3％と第

1党になりました。衆院では21人中6人、28・6％が女性議員で、参院でも11人中4人（36・4％）が女性議員です。

これまでも政策的には「自共対決」とも言うべき構造が存在していました。今回の選挙では、有権者の投票行動においても、これからの国会での勢力分野としても、一段と「自共対決」の構図が鮮明になりました。

共産党躍進の最大の理由は、安倍首相の暴走に対する信頼できるブレーキという役割への期待です。それは今回が初めてではなく、13年の東京都議選でも参院選でも示されました。しかし、今回は衆参両院の「ねじれ状態」※が解消され、日本版NSCと言われる国家安全保障会議※の設置や特定秘密保護法の制定、集団的自衛権の行使容認※の閣議決定など「安倍カラー」が強まり、靖国神社参拝などの暴走が一段と激しくなった後に行われた選挙でした。共産党に対する「ブレーキ役」としての期待はさらに強まり、それが得票増にはっきりと示されています。

安倍首相は国民の反発を買うような暴走を続けた挙句、それに対する審判を下す機会を提供しました。首相が世論を無視して強権的な姿勢を強めてこなければ、国民はこれほど強く反発しなかったにちがいありません。そして、国民が反発を強めることがなければ、共産党への支持がこのような形で高まることもなかったでしょう。

過去2回の躍進との比較

戦後の国政選挙を振り返ると、共産党には過去二回躍進した時期があったことが分かります。一回目は70年代で、二回目は90年代の後半です。今回の総選挙は、

※特定秘密保護法

特定秘密の保護に関する法律で、日本の安全保障に関する情報のうち「特に秘匿することが必要であるもの」を特定秘密として指定し、取扱者の適性評価の実施や漏洩した場合などの罰則を定めたもの。秘密の範囲は曖昧で、知る権利や報道の自由が阻害される恐れがあるとして反対運動が高まった。

※国家安全保障会議設置法

国防や緊急事態への対処に関する重要事項を審議するための国家安全保障会議（日本版NSC）を設置する法律。「安全保障会議設置法等の一部を改正する法律」によって、それまでの安全保障会議設置法から表題が変更された。これに伴い、事務局として14年１月に国家安全保障局が新設された。

これらに続く三回目の躍進だと言って良いでしょう。

一回目の躍進期では、72年衆院選で38議席を獲得し、議会第3党・野党第2党になりました。79年衆院選でも39人を当選させています。この背後には、東京の美濃部都政など共産党と社会党などの革新共闘による革新自治体の発展がありました。同時に、共産党の躍進によってコネとカネによる選挙やなれ合いの議会運営などが是正されるという前進的な影響も生まれています。

また、70年7月の第11回党大会は革新統一戦線によって70年代の遅くない時期に民主連合政府をつくるとの政権構想を打ち出し、76年には「自由と民主主義の宣言」という綱領的文書を採択するなど、ソ連とは異なる社会主義像を提起しました。これらは、共産党の躍進を生み出す重要な要因であったと思われます。

二回目の躍進期では、現行の小選挙区比例代表並立制での初めての選挙となった96年衆院選で26議席を獲得しました。小選挙区でも京都3区の寺前巌、高知一区の山原健二郎の2人を当選させています。98年の参院選でも15議席を獲得し、非改選議員と合わせて予算を伴う議案提案権を初めて獲得しました。

96年衆院選では消費税の3％から5％への引き上げが争点となり、村山自社さ政権への失望、社会党の社民党への衣替え、民主党の結成など目まぐるしい政党再編もあって、政治や政党への不信が高まりました。共産党は行き場を失った旧社会党支持者の受け皿となって当選者を増やし、与党の社民党が15議席減だったのに対して共産党は11議席増となっています。

この二回と比べれば今回の躍進は控えめなものにすぎず、96年衆院選には議席数で及びません。比

※集団的自衛権の行使容認

安倍政権は14年7月1日、集団的自衛権行使容認の「閣議決定」を行った。「我が国と密接な関係にある他国に対する武力攻撃」によって「我が国の存立が脅かされ、国民の生命、自由及び幸福追求の権利が根底から覆される明白な危険がある場合」には、自国への攻撃がなくても反撃できるなどの「新3要件」を示し、「海外で戦争する国」への道を開いた。改憲に等しい大転換を「閣議決定」で強行したことも、立憲主義を否定するものだと批判された。

例代表の得票数でも、96年の727万票と2000年の672万票を下回っています。まだ「伸びしろ」がある、ということでしょうか。

第1の躍進の後、社公合意や「オール与党化」によって「共産党を除く」政党構造が生み出され、停滞の時期が訪れます。また、第2の躍進の後にも、選挙制度を変えて二大政党制づくりが進められ、共産党が締め出される形になりました。

今回はこれらの「オール与党化」や「二大政党制」という攻撃を経たのちの躍進であり、これらの反共産党シフトの構図を打ち破って実現されたという点に大きな特徴があります。そしてそれは、13年の東京都議選、参院選に続くもので初めての経験ではありません。すでに都議選、参院選の時点で、「二大政党制」の破綻は明瞭だったということになります。

また、今回の躍進はこれまで以上に主体的な努力によって勝ち取ったという側面が強いように思われます。たとえば、08年にはニコニコ動画に公式チャンネルを設置したり、ツイッターやフェイスブックに公式アカウントを取得したりするなど、ネット選挙を意識した試みを行っていました。これが、インターネット選挙が解禁された前回参院選と今回衆院選での「カクサン部」の活躍などに結びついています。

さらに、個性的で魅力的な若い候補者の発掘に努め、女性候補者も多く擁立して当選させました。雇用問題やブラック企業対策などの政策や消費税問題で具体的な対案を掲げたことなども併せて、これらが若者の支持拡大に大きな力を発揮したのではないでしょうか。

社会・労働運動にとっての意味

このような「第三の躍進」によって、14人の新議員を含む21人の衆院議員が誕生し、共産党は衆参あわせて32人の国会議員団を擁することになりました。これは社会・労働運動にとってどのような意味を持つでしょうか。

第一に、国会内に重要な援軍を送り込み、これらの議員を通じて国政に直接要求をぶつけ追及することが可能になります。衆院ではこれまで、法務、農林水産、環境、国家基本、決算行政監視、懲罰の六つの常任委員会には委員がいませんでした。これからは17の全常任委員会に委員を配置し、うち11委員会では複数委員を置くことができます。

また、特別委員会では9委員会すべてに委員を配置し、うち7委員会で複数委員となりました。予算委員会をはじめ各委員会での質問時間も増え、いままでより多くの共産党議員が幅広い領域で論戦に参加できるようになります。国家基本委員会には志位和夫委員長が所属し、党首討論に参加して安倍首相と一対一で論戦を戦わせることができます。

第二に、衆院での議席が21議席となったために、参院に続いて衆院でも予算を伴わない議案提案権を獲得しました。共産党は参院での議案提案権を生かしてブラック企業規制法案、秘密保護法廃止法案を提出していますが、ブラック企業規制法案提出後、厚生労働省が４０００を超える事業所に是正指導を行うなどの成果を生んでいます。

政治を前に動かすこのような活動が、これからは衆院でも行えることになります。そうなれば各党とも法案への立場を明らかにせざるを得ず、省庁も何らかの対応を迫られることになるでしょう。そのような動きについて、私たちは『しんぶん赤旗』の報道を通じて知ることができます。

第三に、様々な場面で社会運動・労働運動と国会活動との連携が進むことでしょう。たとえば、大衆運動が問題を提起して議員が国会で追及し、そこでの結果を持ち帰って運動に役立てるという相互の連係プレーが考えられます。

また、紹介議員を通じての運動関係者と各省庁との関係や影響力も強まり、要求の伝達や取次などがずっと容易に頻繁に行われるようになるでしょう。国政調査権を用いて情報にアクセスでき、調査能力が格段に向上し、情報の入手と運動関係者への提供などが期待されます。議員がマスコミに登場する回数も増え、社会的なアピール度もこれまで以上に大きなものとなるにちがいありません。

第四に、今回の躍進は大衆運動と選挙活動との結合によって生まれました。反原発の官邸前集会※をはじめ、ＴＰＰ反対の農民団体との共闘や沖縄での新基地反対運動、労働の規制緩和や社会保障の切り下げに反対する運動など、「デモの復権」ともいわれる大衆運動の復活とそこで生み出されたつながりが選挙での支持の広がりを生み出したと思われます。

共産党の吉良佳子参院議員のように、ずっと脱原発の官邸前集会に参加している政党が他にあったでしょうか。このような地道な努力こそが、それぞれの課題で切実な要求を抱いている関係者の信頼を勝ち取り、支持の拡大に結びついていったと思われます。

※官邸前集会
脱原発や再稼働反対を掲げて毎週金曜日の夕方に繰り返されている首相官邸前の抗議集会。首都圏反原発連合などが主催して12年３月29日から始まり、ツイッターやフェイスブックなどの呼びかけで市民が自発的に集まった。最大時には20万人が参加した。

（３）選挙と政党をめぐる諸問題

低投票率の背景と原因

今回の総選挙で注目されたのは52・66％という投票率の低さでした。それは、突然実施された無意味な選挙に対する有権者の無言の抗議だったという見方もできます。このような選挙で信任が得られたなどとは言えず、まして、「白紙委任」を受けたなどと強弁することは許されません。

このような低投票率を生み出した背景については、悪天候や投票時間の繰り上げの増加、市町村合併などの影響で投票所が減って遠くなった、自民党が報道の公平中立ならびに公正の確保についてのお願いを出したためにマスコミが委縮し、選挙報道を手控えたなどの背景がありました。加えて、以

下のような背景や原因が考えられます

その第一は、安倍首相の責任です。首相が消費税増税の延期やアベノミクスの継続による景気回復など国民の反対しにくい課題を争点に据え、集団的自衛権の行使容認、改憲、TPPへの参加、沖縄での新基地建設、農業・医療・労働分野での規制緩和など、他の重要な争点を隠す「争点隠し戦術」に出たからです。

第二は、野党の責任です。民主党と「第三極」は安倍首相の暴走に対する選択肢を提起できず、政治が変わるという期待も可能性も有権者に示すことができませんでした。民主党について言えば、小選挙区での候補者の擁立が少なく、政策的に大きな違いがある維新の党などとの選挙協力も当選目当ての「野合」と映り、選挙への関心を低下させたことでしょう。

第三に、小選挙区制という選挙制度の責任です。衆院選の投票率は小選挙区比例代表並立制※が導入された1996年に初めて60％を割り、50％台になったのは03年、12年に続いて今回が4度目になります。この制度の下で投票率の低下が際立っていますが、このことは拙著『一目でわかる小選挙区比例代表並立制』（労働旬報社、1993年）で「当然、投票率は下がります」と指摘していたように、制度の導入前から予想されていたことです。

第四に、行政の責任です。9条の会主催の講演会への後援とりやめや俳句の公民館便りへの掲載拒否などの理由は、政治的なテーマで意見の違いがあるということでした。しかし、政治にかかわるどのような問題でも賛否両論があることは避けられず、それを理由に後援や掲載をとりやめれば、市民や住民を政治から遠ざけることになってしまいます。このような形で普段は有権者を政治から「隔離」しておきながら、選挙になった途端に「政治に関心を持ちましょう。投票に行きましょう」と言い出すことの滑稽さが、自治体などの担当者に分かっているのでしょうか。

※小選挙区比例代表並立制

小選挙区と比例代表の両方で衆院議員を選出する制度。有権者は２票を投ずる。相対多数で１人を選ぶ小選挙区は295人、政党の得票に比例して当選者数が決まる比例代表は11ブロックに分かれており180人を選出する。各党の議席数はその合計で総定数は475である。

小選挙区制は比例代表制に

私は1993年に前掲の拙著『一目でわかる小選挙区比例代表並立制』を書き、小選挙区制を批判しました。小選挙区制に問題があることは、このときから明瞭だったのです。それから7回の総選挙を経て、小選挙区制の害悪は誰の目にもはっきりと分かるようになってきました。小選挙区制は最悪の選挙制度であり、ぜひとも廃止しなければなりません。

その欠陥は第一に、多数と少数が逆転するカラクリが仕組まれていることです。イギリスでは1951年と74年の二度、総得票数と議席数が逆転しています。民主主義を口にするなら、少数を多数に多数を少数にひっくり返してしまう、このような制度を認めてはなりません。

第二は、少数の得票によって多数の議席が獲得できるインチキな制度だということです。14年衆院選で自民党は48%の得票率で75%の議席を獲得しました。小選挙区で投票した人の半分に満たない得票で4分の3の議席を得たことになります。これは民主党が政権を獲得した09年衆院選でも変わりません。(図表4参照)

第三に、議席に結びつかない「死票」がたくさん出て選挙結果に生かされないという問題があります。14年衆院選では295小選挙区のうち死票の割合が50%以上となった選挙区

図表4　小選挙区第1党の得票と議席数　4割台の得票で約7～8割の議席

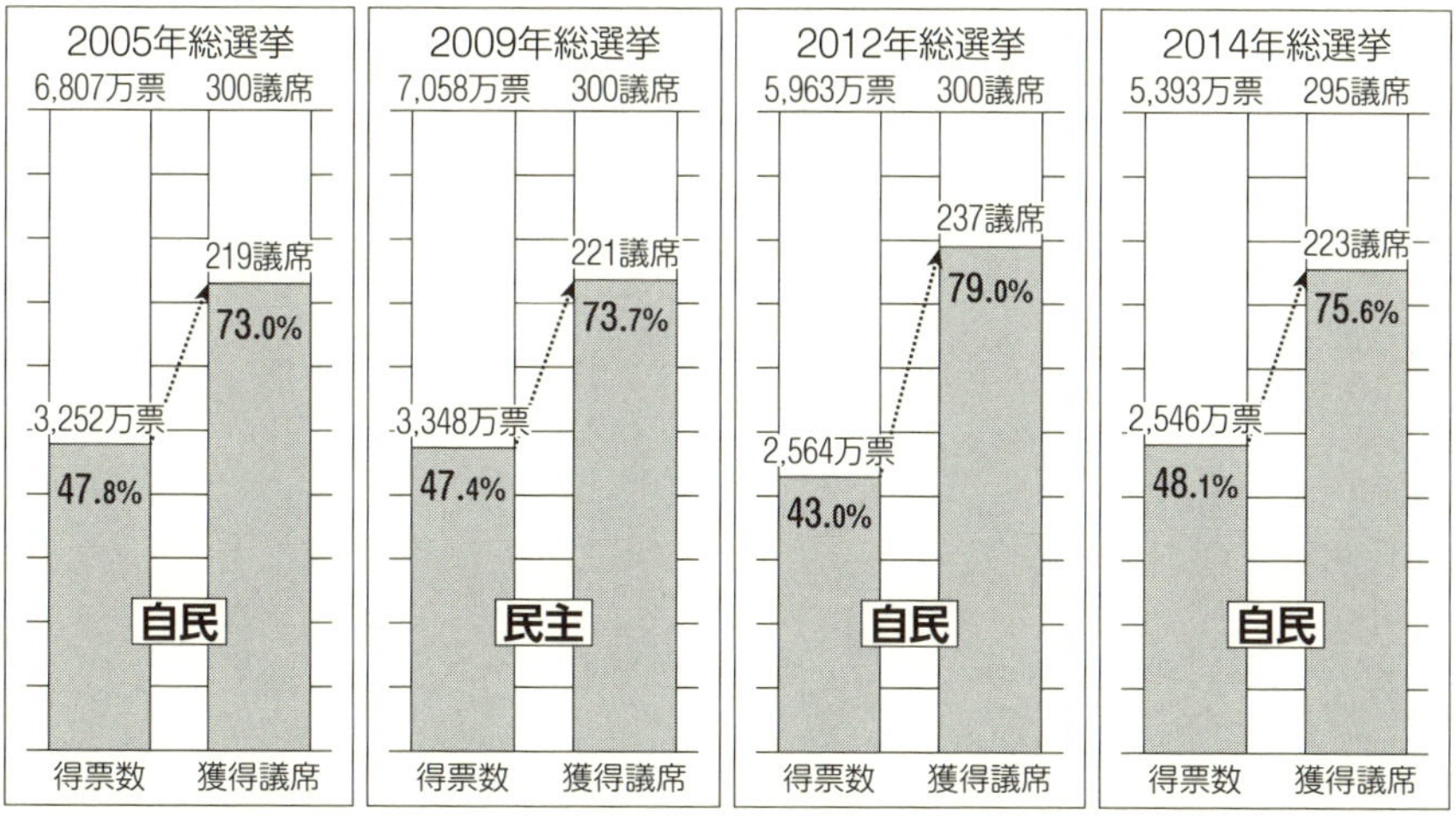

資料：「赤旗」2015年1月1日

は全体の４割強にあたる１３３に及び、投票では２５４０万６２４０票と48％が死票になりました。

第四に、「過剰勝利」と「過剰敗北」によって選挙の結果が激変します。これが顕著に生じたのは２００９年と12年の総選挙でした。09年総選挙で自民党は38・７％の得票を得たにもかかわらず議席占有率は21・３％と激減して政権を失いました。05年総選挙と比べれば得票率では９・１ポイントの減少にすぎなかったのに議席占有率は51・７ポイントの激減となっています。逆に、次の12年総選挙では43・０％であったにもかかわらず議席占有率は79％と急増させて政権に復帰しました。得票率では４・３ポイントしか回復していないのに57・７ポイントものＶ字回復です。

第五に、政党規模に対して中立的ではなく、小政党に不利になります。小選挙区では一人しか当選できませんから、第１党と第２党とで議席を争う形になることが多く、第３党以下の政党は極めて不利になります。このようにして２つの政党に議席を競わせることでむりやり「二大政党制」を作り出そうとしたわけです。

では、実際にどのような問題が生じてきたのでしょうか。政権の選択肢が事実上、２つしか存在しないという問題があります。小選挙区で当選するための「選挙互助会」的な政党ができました。「風向き」によって短期間で政権政党が交代しました。二大政党の間の有権者を奪い合うために相互の政策が似通ってきます。地域や民意とも離れ、議員の質も低下してきています。

総選挙の結果を検討した政治学者の菅原琢さんは、小選挙区制「見直しの理由」として「少々の票の変動で結果が激変するという小選挙区の特徴」を挙げていました。同時に、「各党の性格が曖昧になること、有権者を置き去りにした政界再編に勤しまざるをえない状況を生むこと」などの問題点を指摘し、「端的に言って、小選挙区制は有権者と政界双方を不幸にする」と喝破しています（『朝日新聞』２０１４年12月25日付）。

選挙制度改革論議の中で比例定数の削減案も出てきていますが、日本の国会議員は国際的に見ても多くありません。現在より少なくするのは民意を代表するチャンネルを減らすことになり反対です。「身を切る改革」と言われますが実際は「民意を切る改悪」になります。比例定数の削減は小選挙区の比率を高め、先に指摘した問題点や害悪を増大させるだけです。

民意の反映か集約かという論争も以前からありました。しかし、選挙は民意を議会に反映させるためのもので、その民意を討論によって1つの方向に集約していくのが国会の役割です。議会で民意を集約するべき議員自身が選挙での民意の集約などと言うのは自己否定に等しい愚論にほかなりません。

今日、「政治改革神話」が崩れ、選挙制度の見直しについて国会でも議論が始まっているのは歓迎すべきことです。小選挙区制を廃止して比例代表制的な選挙制度に変え、より民主的で本当に国民の願いが国会に反映されるような選挙制度に改革することは、日本の政治を立て直すうえで取り組まなければならない最重要な課題となっています。

また、「一票の価値」※との関連でも、小選挙区制ではなく比例代表制の方が優位性を持っています。比例代表制は得票に比例して当選議席の数が決まりますから、一票の不平等は生じません。小選挙区制では人口移動に伴う選挙区定数の不均衡は避けられず、しかも定数は1ですから選挙区の数や区割りの範囲などを見直さなければ是正できません。

このような困難で煩わしい作業を必要とせず、「一票の価値」の不均衡を生じないという点でも比例代表制が優れています。小選挙区を廃止し、その定数を現行の11ブロックに配分する形で比例代表制に移行するべきでしょう。これが、最も現実的で手っ取り早い解決法であると思います。

※一票の価値
選挙で有権者が投票する一票の重みの不平等を指すもので、議員定数不均衡問題とも呼ばれる。09年総選挙について13年３月に広島高裁は広島県第１区・広島県第２区について、約半年の猶予期間を設けて戦後初の選挙無効判決を出し、広島高裁岡山支部は岡山県第２区について猶予期間なしの無効判決を出した。しかし、13年11月20日に最高裁大法廷は「違憲状態」としながらも選挙自体は有効であるとの判決を下した。

政党助成金の廃止

政治活動にはお金がかかります。それをどのように負担するのか、どこからそのお金を得るのかというのは政治資金の収入＝「入口」論です。他方、それをどう使うのか、何に支出するのかというのは政治資金の支出＝「出口」論です。「政治とカネ」問題の根絶にはこの両面での改革が不可欠です。

第一に、「入口」については、企業・団体献金と政党助成金※との二重取りという問題があります。政党助成金が95年に導入された5年後には禁止されるはずだった企業・団体献金がその後も残ったからです。

企業からの献金は、効果があれば買収に当たり、効果がなければ背任になります。政党助成金とともに企業献金が継続され、アベノミクスで大もうけさせてもらった大企業が見返りに献金額を激増させているのは、政治買収の今日的な姿にほかなりません。

14年11月28日に公表された政治資金収支報告書によれば、自民党への企業・団体からの献金総額は19億5408万円で、前年比43％増になっています。献金額のトップは前年に続いてトヨタ自動車で1300万円増の6440万円でした。証券会社では株高で大もうけした野村ホールディングスが5・6倍の2800万円、商社では最高益となった伊藤忠商事が4・5倍の1000万円です。重電では原発関連の東芝と日立製作所がともに約2倍の2850万円、兵器生産で知られる三菱重工業は3倍の3000万円になっています。

第二に、消費税増税との関連で「身を切る改革」論の問題があります。「増税の前にやるべきことがある」という理屈で議員定数を削減しようというわけです。これは、一方では消費増税を国民に押しつけ、他方ではその弁解として衆院比例代表選出議員を減らそうというもので、国民に税負担を押しつけながら民意を反映する機会を狭めようという二重の誤りです。

※政党助成金

1995年に導入され、国会議員５人以上か直近の国政選挙で２％以上の得票率を得た政党に総額年320億円の税金が交付される。毎年１月１日時点で配分額が決まり、１月16日までに届け出れば資格要件を得ることができる。

「身を切る改革」というのであれば、国民の税金から支出される政党助成金を廃止するべきです。95年から14年までの20年間で６３１１億円という巨額の資金が共産党を除く各政党によって山分けされてきたのですから。（図表５参照）

第三に、政治資金の「出口」についても、本当に政治活動に使われているのかという問題があります。２０１３年の政治資金収支報告書についてのＮＨＫの調査では、飲食費や贈答品などへの支出が約５億４０００万円にも上り、政治活動費の８％になっていました。

中には銀座や赤坂、六本木の高級クラブを頻繁に利用し、飲食費だけで年間１０００万円以上を支出したものもあります。贈答品などへの支出は１３８団体７２００万円余りで、デパートのほか地元の特産品や農産物などを購入しています。

このような支出が政治活動だと言えるのでしょうか。政治資金が無駄遣いされるのは政党助成金と企業献金の二重取りによって政治資金がダブつき、経理の辻褄さえあえば何にでも使えるからです。小渕元経産相による下仁田ネギの購入や宮沢経産相の「ＳＭバー」への支出などが政治活動だと言えるわけがありません。

13年の政党本部の収入に占める助成金の割合は、自民党で64・6％、民主党に至っては82・5％にも達しました。政党助成金は使い残しても国庫に返納する義務はなく、「政党基金」などの名目で繰り越すことができます。13年に政党助成金を山分けした9党の基金残高の総額は１４７億５３０７万円になっています

図表5　1995〜2014年に各党が受け取った政党助成金額

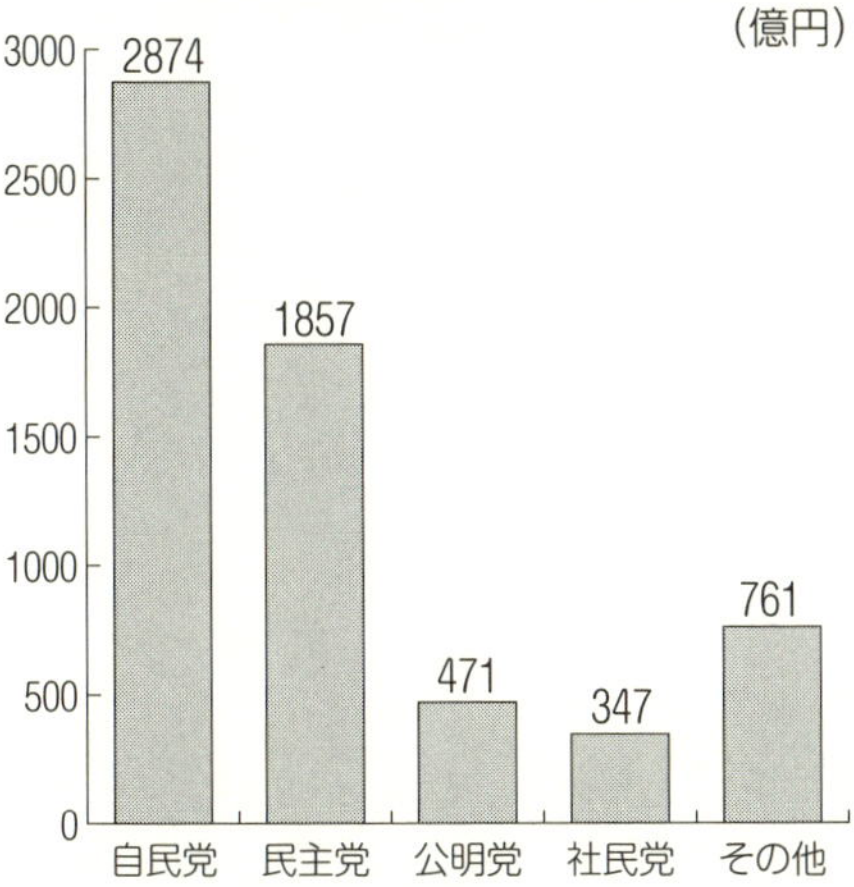

資料：「赤旗」2014年12月21日

５人以上の国会議員がいることなどの政党要件を満た

さなくなっても、政党助成金を受けたいと総務省に申請すれば残額分の一部を月割りでもらえる〝抜け道〟があります。4人になった生活の党は総選挙後も「特定交付金」を手にし、12年末の総選挙の前後に解散した新党きづな、太陽の党、新党大地、新党日本の4党も「特定交付金」を受け取っていました。

政党助成金は手弁当で支持を訴えてカンパしてもらい、機関紙誌や出版物で政策を訴えて収入も得たりするような地道な活動を不要にします。その結果、政党としての体力が低下し、政党の堕落をもたらす「麻薬」のような制度です。

金目当ての離合集散はやまず、制度開始から14年までの20年間に助成金を受け取った政党は35党にのぼりますが、うち27党は解散・消滅しました。最近でも総選挙で議席を減らして政党要件を失った生活の党に山本太郎参院議員が入党して5人となり、党名を「生活の党と山本太郎となかまたち」に変更しています。また、園田博之衆院議員が次世代の党から太陽の党に復党して助成金を受けられるようになり、解党したみんなの党に所属していた参院議員4人にアントニオ猪木議員が加わって新党「日本を元気にする会」も発足しました。

年末年始になると始まる助成金目当ての離合集散がまたも出現したというわけです。この政党助成金の廃止こそ、本当の「身を切る改革」にほかなりません。一方では、国民1人当たり250円という税金を強制的に徴収して支持してもいない政党に配分し、他方では、政党の堕落と弱体化をもたらすようなとんでもない制度は早急に廃止するべきでしょう。

第１章　総選挙での対決

第2章　憲法をめぐる対決

(1) 集団的自衛権の行使容認─何が問題か

海外で「戦争する国」にしてもよいのか

集団的自衛権の行使容認とは、一言でいえば、日本を海外で「戦争する国」に変えてゆくということです。それが必要であることを示す事例として、いくつかの想定が示されました。しかし、いずれも嘘とデタラメばかりです。

安倍首相は14年5月15日と7月1日の記者会見で、半島有事の際に避難する邦人親子を運ぶ米艦船のパネルを示し、「この船を防護しなくて良いのか」と国民に問いかけました。テレビでご覧になった方も多いと思います。しかし、隣に防護する自衛艦がいるのであれば、自衛艦がその親子を輸送すれば良いではありませんか。自国民なのですから……。

アメリカに向けて発射されたミサイルについても、「ただ見ているだけで良いのか」と言いました。しかし、もし発射した国が北朝鮮であれば、米本土に向かうミサイルはカムチャツカ半島方面へ飛んで日本上空を通りません。それをどうやって撃ち落とすというのでしょうか。安倍首相は地球が丸いことを知らないようです。

公海での米韓防護の必要性も挙げられていました。しかし、海自のイージス艦はたった6隻しかありません。それで84隻もある米海軍のイージス艦をどのようにして守るのでしょうか。近くに自衛艦がいたら魚雷のスクリュー音が探知できず、米軍艦にとってはかえって迷惑になるでしょう。

ホルムズ海峡の機雷掃海も意図しているようです。しかし、そこはイランとオマーンの領海が重なる海域です。他国の領海に立ち入らずに、どのようにして掃海するのでしょうか。正式の停戦以前の機雷掃海も想定しているようですが、そのようなリスクを自衛隊に追わせる意味がどこにあるのでしょうか。

このような荒唐無稽な想定や説明に騙されてはなりません。集団的自衛権の行使容認などは必要ないのですから……。

「再び、軍事大国となって覇権を行使したい」という安倍首相の我儘な野望を打ち砕かなければなりません。朝鮮戦争での戦後唯一の「戦死者」※を除けば、これまで守ってきた「殺さず、殺されず」という平和国家としてのあり方を後世に引き継ぐことが、今を生きる私たちの務めなのですから……。

増大する危険性

これまでの憲法解釈であれば、日本が攻撃されなければ反撃できませんでした。集団的自衛権が行使できるようになった場合、日本と「密接な関連にある他国」が攻撃されれば日本が攻撃されていなくても反撃できるようになります。今までよりも戦争に加わっていく、あるいは戦争に引きずり込まれていく危険性が増し、戦争の敷居が低くなることは明らかで、国民が不安に思うのは当然です。

なぜ、安倍首相はそれを目指すのでしょうか。日米同盟を米英同盟のような強固な攻守同盟に変えたいということでしょう。そして、戦前のような「帝国の復権」を図って日本の存在感を高め、列強の一員として威信を

※戦後唯一の「戦死者」

50年10月17日に日本の特別掃海隊は朝鮮の元山沖で機雷に接触して１人が死亡し、18人が負傷した。50年６月に始まった朝鮮戦争には、39隻の戦車揚陸艦（LST）と日本人船員約2000人、物資を運ぶ機帆船の船員約1300人、仁川に派遣された港湾労働者約1000人、特別調達庁を通じて集められた船員2000〜3000人、機雷除去のために特別掃海隊の隊員約1200人が「参戦」していたのである。

回復し、国連のあり方を変えて安全保障理事会の常任理事国となり、再び覇権を行使したいという野望を抱いているからです。

「積極的平和主義」を掲げて安倍首相が展開している「地球儀を俯瞰する価値観外交」も、このような野望に沿ったものです、それは日本企業と原発・武器技術の売り込み、中国包囲網の形成（「遠交近攻」外交）とともに、安保理改革による常任理事国入りをめざしての国連加盟国に対する買収工作にほかなりません。

しかし、このような「積極的平和主義」は大きなリスクをもたらさざるを得ないでしょう。それは中東などの紛争地域にも積極的に関わり、能動的な役割を果たすことをめざしているからです。安倍首相の中東訪問とそこでの2億ドルの人道支援表明をきっかけに引き起こされた過激派武装集団「イスラム国」（IS）による日本人人質殺害事件は、このようなリスクを如実に示す結果となりました。

よく安倍首相はお祖父さんである岸信介元首相のDNAを受け継いでいるといわれます。話としては面白いかもしれませんが、実際にはかなり現実的な目標を目指しており、そのためにアメリカと対等な形で同盟を強化しようとしています。「軍事同盟は血の同盟である」と言っているわけですから、日本も血を流すという日米関係に変え、日米同盟を双務的なものとしていくことで日本の国際的な発言力を高めたいと考えているのでしょう。

とりわけ、安倍首相の個人的な体験でいえば、湾岸戦争やイラク戦争のトラウマ、悔しい思いがかなり深く影響しているように見えます。湾岸戦争が終わってクウェートが出した感謝の新聞記事には日本の名前がありませんでした。イラク戦争の時には、アーミテージ米国務副長官に「お金だけではなく実際の部隊を送れ」、「ブーツ・オン・ザ・グラウンド」とねじ込まれました。このようなことを繰り返したくないというのが、第一次安倍内閣以来の思いではなかったかということです。

また、国際的な外交・安全保障面において「戦後レジームからの脱却」を図り、戦後の国際秩序をひっくり返すという狙いも込められています。しかし、これはアメリカの認めるところではありません。集団的自衛権の行使容認を実現することは歓迎するものの、戦後国際秩序の「ちゃぶ台返し」を狙い、その危険性があるような安倍首相にそれをやらせてよいのかというのがアメリカの懸念材料の一つなのです。

行使が容認されたらどうなるのか

このような形で狙われている集団的自衛権の行使容認ですが、それが実現したらどうなるのでしょうか。

第一に、日本が攻撃されていなくても反撃できるわけですから、戦争できる「普通の国」となって戦争に巻き込まれる危険性が増します。もし、海外の米軍基地などに向けて発射されたミサイルを日本が撃ち落とせば、たちどころに報復のミサイルが日本に向けて飛んでくるでしょう。これは日本に対する攻撃を引き込む「呼び水」になります。安倍政権はハワイやグアムにある米軍基地の心配をする前に、どうして横田や横須賀の在日米軍基地が狙われる心配をしないのでしょうか。

第二に、自衛隊の海外派兵が可能になり、戦闘に巻き込まれるリスクが高まります。従来の「後方地域」や「非戦闘地域」などを廃止し、「他国が『現に戦闘行為を行っている現場』ではない場所で実施する補給、輸送などの我が国の支援活動」は許されるというわけですから。

これは国会でも追及され、最終的には安倍首相も戦闘に巻き込まれるリスクが高まることを認めました。首相の「見栄」のために命を懸けさせられる自衛隊員にとっては、たまったものではありません。「勘弁してよ、安倍さん」と、心の中では思っているのではないでしょうか。

日本と同様に敗戦国で軍事力の行使に慎重だったドイツはアフガニスタンで国際治安支援部隊（ISAF）の一員として後方支援活動を行い、タリバンが攻勢を強めたために応戦して初の攻撃的戦闘に巻き込まれました。その結果、死者55人を出しています。このドイツの経験は日本も学ぶべき貴重な教訓だといえるでしょう。

こういう形でリスクが高まって自衛隊に死者が出るようになれば志願者が減り、いずれ徴兵制に頼らざるをえなくなるのではないかという心配があります。現在では、政府の憲法解釈でも「奴隷的拘束および使役からの自由」を保障した憲法18条違反になるから徴兵制は認められないとされています。しかし、石破茂前自民党幹事長は「国を守る事業は決して奴隷的な拘束や苦役ではない」と言っていました。だから憲法18条違反にはならないという解釈が行われれば、将来、徴兵制が導入される可能性も否定できません。

第三に、イスラム社会で誤解を生み、敵視されるリスクが高まります。「イスラム圏には、『日本は自分たちの痛みを分かってくれる唯一の先進国』と考える人たちがいる」（紛争地で武装解除を指揮してきた伊勢崎賢治東京外大教授）そうですが、この人たちを敵に回してしまっても良いのでしょうか。

本来のイスラム教はテロリズムとは無縁ですが、一部の過激派はそうではありません。アメリカの同盟国としてイギリスやスペインのように有志連合や多国籍軍に加われば過激派から敵視され、56人が亡くなったロンドンの爆弾テロや191人が命を落としたマドリードのテロのような惨劇が東京で起きるかもしれません。フランスのパリでも漫画週刊誌などに対するテロで17人が亡くなりました。

しかも、中東では「イスラム国」（IS）を名乗る極めて危険な過激派の勢力が拡大し、カナダやオーストラリアで信奉者による銃撃事件が発生しています。日本人に対しても、安倍首相の中東歴訪を機に2人の人質身代金要求事件が起き、2人とも殺害されてしまいました。今後も、このようなテロを日本に引き寄せることになる危険性が高まっています。

フリージャーナリストの常岡浩介さんは、次のような危惧を述べています。「その点で心配なのが、武器輸出も進める安倍首相の『積極的平和主義』が今後、具体化していったときです。平和国家ニッポンのイメージが失われたとき、そのリスクを背負わされるのは海外で働くＮＧＯであり、観光客であり、国民です」（『朝日新聞』２０１５年1月26日付）。「安倍（首相）よ、……お前の国民はどこにいたとしても、殺されることになる。日本にとっての悪夢を始めよう」というＩＳのメッセージは、このような危惧が現実のものとなったことを示しています。

第四に、９条に基づく専守防衛の国是は変質し、平和国家としての日本の「ブランド」が失われます。戦後の日本は、経済大国であるにもかかわらず軍事大国にはならないという、これまでの歴史においても例をみない新しい「世界史的実験」を行ってきました。この「実験」も集団的自衛権の行使容認によって終わり、挫折することになってしまいます。国際紛争を武力によって解決しないという国際政治の基本理念も失われ、大変残念な結果をもたらすことになるでしょう。

どこに問題があるのか

集団的自衛権の行使容認の、どこに問題があるのでしょうか。内容上の問題と手続き上の問題があります。

第一の内容上の問題は、すでに上述したように戦争をしやすくなる、戦争の敷居が低くなることです。日本が攻撃されていなくても反撃するわけですから、それに対する報復が加えられます。相手からすれば先制攻撃を行ったのは日本で、日本は直ちに戦争の当事者になってしまうでしょう。

第二の手続き上の問題では、条文を変えずに解釈を変えれば憲法に定められていない内容上の変更が可能になります。憲法の規範性が失われ、立憲主義・法治国家としてのあり方が否定され、事実上の「憲法クーデター」となります。

しかも今回、新たな武力行使の「３要件」が閣議決定の中に組み込まれました。それは「我が国と密接な関係にある他国に対する武力攻撃が発生し、これにより我が国の存立が脅かされ、国民の生命、自由及び幸福追求の権利が根底から覆される明白な危険がある場合」で「他に適当な手段がない」ときに、「必要最小限度の実力」を行使することは「憲法上許容される」というものです。

法律上、このような状態を「存立事態」と定義して自衛隊の出動規定を見直し、自衛隊法や武力攻撃事態法に盛り込む方向で調整されています。しかし「(我が国の)存立事態」といっても、日本に対する攻撃ではなく他国に対する攻撃に「反撃」するためのものですから、その本質は「他国事態」にほかなりません。

「密接な関係にある他国」といっても、何をもって「密接」というのか。「明白な危険」とはどのような危険なのか。「必要最小限度」というのも、何をもって「最小限度」というのか。これらも全く明らかにされていません。

いずれも恣意的な判断によって拡大される危険性が大きく、自民党と公明党の間でも見解は一致していません。これらについて、いったい誰が、どのように判断するのでしょうか。結局は、内閣あるいは首相が「総合的に判断する」ことになるでしょう。

この「3要件」によって、集団的自衛権の行使容認は「限定的」なものになったとされています。しかし、安倍首相の言うように、これによって日本の安全が高まるのであれば、どうしてそれを「限定」しなければならないのでしょうか。

本当は、それが日本の安全を高めるのではなく、低めるからです。日本を危険な方向に引っ張ってゆくリスクがあることを知っているからこそ、安倍首相は「限定的な行使」だと言い訳し、「限定的」だから認めてもらいたいと言わざるを得ないのです。

しかも、その行使を実際に「限定」できるのかという問題があります。相手が殴ってきてもいないのに「友達」が殴られたから殴り返すというのが集団的自衛権なのです。「限定」的だから、1発だけ殴り返すことにします。それに対する反撃も1発だけにしてくださいというわけにはいかないでしょう。相手がどのような形で報復してくるかは相手次第です。「限定」できるというのは幻想にすぎません。

（２）海外で「戦争する国」に向けての準備

着々と進んでいる軍事化

このような海外で「戦争する国」になるための準備は集団的自衛権の行使容認だけではありません。憲法の平和主義の破壊と軍事化に向けての政策は着実に実施されてきています。様々な面で既成事実化が着々と進んでいることに注意しなければなりません。（次ページ、資料　安倍政権における軍事化のプロセス）

第一は、法や制度の改変です。13年から14年にかけて、国家安全保障会議（日本版ＮＳＣ）設置法が成立し、国家安全保障局が新設されました。戦前、五相会議という戦争指導の体制がありましたが、今日では、四閣僚会合という戦争指導の体制ができました。

武器輸出三原則が「防衛装備移転三原則」に変更され※、武器の禁輸から輸出への一八〇度の転換がはかられました。軍事支援・武器援助解禁のＯＤＡ大綱改定にむけての報告書も提出され、日本の経済援助の性格が大きく変わろうとしています。

それればかりではありません。法の抜け穴を通じて、富士通の子会社がアメリカのＩＴ企業を買収し、審査を受けずに軍事産業が海外展開を可能にするという例も生まれています。海外に武器を輸出する日本企業に低利で融資できるような支援金制度を創設し、輸出した武器を使いこなせるように訓練や修繕・管理を支援する制度

※武器輸出三原則の見直し
国連などや海上交通路沿岸国への武器輸出を可能にするための見直し。「防衛装備移転三原則」と名称を変え、①国際的な平和と安全の維持を妨げる場合は輸出しない、②輸出を認める場合を限定して厳格に審査する、③目的外使用と第三国移転は適正管理が確保される場合に限るとしている。

「地上配備型 SM3」の導入を検討と報道（毎日新聞）

8.14 沖縄防衛局、名護市辺野古の埋め立て予定地でボーリング調査のためのブイ設置

8.20 オスプレイ、東日本で初訓練。静岡・山梨両県内の自衛隊東富士・北富士演習場で離着陸訓練

8.26 富士通の英国子会社、5月に米ＩＴ企業を買収し米防衛市場に初参入（東京新聞）

8.29 防衛省、15年度予算の概算要求で過去最大の5兆545億円を計上し、初めて5兆円を突破。オスプレイ、水陸両用車、無人偵察機などを新たに購入

9.26 安倍首相、国連本部で国連平和維持活動（PKO）に関するハイレベル会合に出席し、積極的にPKO に参加する考えを表明

10. 8 日米防衛協力のための指針（ガイドライン）の改定に向けた中間報告発表。自衛隊の米軍支援を拡大し、「周辺事態」を削除

10.21 米軍、京都府京丹後市の米軍経ケ岬通信所にミサイル防衛用の早期警戒レーダー「X バンドレーダー」を搬入

12.18 日本企業による武器輸出を後押しするための資金援助制度の創設などを話し合う有識者による検討会設立

12.28 海自、建造中のイージス艦にミサイル迎撃のための「共同交戦能力（CEC）」システム装備と報道（毎日新聞）

12.29 日米韓3カ国、北朝鮮の核・ミサイル情報に限り秘密情報を共有する覚書に署名

12.29 米軍など他国軍の戦闘を支援するため自衛隊の海外派遣を常時可能にする恒久法制定の検討に入ったと報道（朝日新聞）

2015年

1. 1 防衛省が武器購入国に資金援助する制度を検討していると報道（東京新聞）

1.10 政府が集団的自衛権に基づく武力行使可能な「存立事態」（仮称）の検討に入ったと報道（朝日新聞）

1.15 政府が武力攻撃とは即断できない「グレーゾーン事態」に自衛隊が迅速に出動できるよう電話による閣議決定を導入する方針を固めたと報道（読売新聞）

1.17 安倍首相、中東スピーチで「イスラム国」（ＩＳ）対策として2億ドルの支援を表明

1.19 アフリカ東部のジブチの自衛隊拠点を中東・アフリカの活動拠点として強化することを検討していると報道（朝日新聞）

1.20 「イスラム国」、日本人人質2人のビデオを公開し2億ドルの身代金を要求

1.24 「イスラム国」の人質となった2人のうちの1人が殺害される

2. 1 「イスラム国」、残ったもう1人の殺害映像を公開

資料　第２次安倍政権における軍事化のプロセス

2013年

4.28　政府、サンフランシスコ講和条約発効61年を記念し「主権回復記念式典」開催

8. 8　内閣法制局長官に小松一郎駐仏大使の起用を閣議決定

10. 3　日米両政府、2014年末までに「日米防衛協力の指針」を改定することで合意

10. 8　陸自と米海兵隊による日米共同訓練、陸自饗庭野演習場で開始。オスプレイ初参加

11. 2　日露両政府の外務・防衛閣僚協議、東京で初会合。定例化で合意

11.15　改正自衛隊法成立。緊急時に在外邦人を救助するため自衛隊による陸上輸送を可能に

11.26　国家安全保障会議（日本版NSC）設置法成立

12. 6　特定秘密保護法成立

12.17　初の国家安全保障戦略を閣議決定。積極的平和主義を強調、新防衛計画の大綱・新中期防衛力整備計画を閣議決定

12.26　安倍首相、靖国神社を参拝

12.27　仲井真弘和沖縄県知事、米軍普天間飛行場移転問題で辺野古埋め立てを承認

2014年

1. 7　国家安全保障局発足

4. 1　武器輸出三原則に代わる新たな原則として防衛装備移転三原則を策定

5.15　安保法制懇、集団的自衛権行使容認の報告書を提出

6.16　パリでの武器見本市に日本政府の勧誘に応じた三菱重工・東芝など13社が初参加

6.26　政府開発援助（ODA）有識者懇談会、軍事利用解禁を検討する提言の報告書を提出

7. 1　集団的自衛権行使容認の閣議決定

7. 7　小野寺防衛庁長官訪米、上陸用装備を搭載できる強襲揚陸艦を導入する意向を表明

7. 8　オーストラリアと防衛装備品と技術の移転に関する協定を締結

7.15　厚木基地にオスプレイ飛来。

7.19　オスプレイ２機、米軍横田基地に着陸

7.17　国家安保会議、ミサイル部品の対米輸出を決定。防衛装備移転三原則での初の輸出

7.18　佐賀空港へのオスプレイ配備計画が表面化

7.18　ソマリア沖の自衛隊派遣１年延長と多国籍部隊に初の司令官派遣を閣議決定

8. 1　岸田外相、ベトナムに巡視船として使用できる船舶６隻供与で合意

8. 3　防衛省、民間フェリーの船員を予備自衛官とする構想を検討開始と報道（毎日新聞）

8. 3　防衛省、５年後をめどに自衛隊初の宇宙部隊を発足させる方針と報道（東京新聞）

8. 9　防衛省、新たな迎撃ミサイル

図表6　日本の軍事費の推移（兆円）

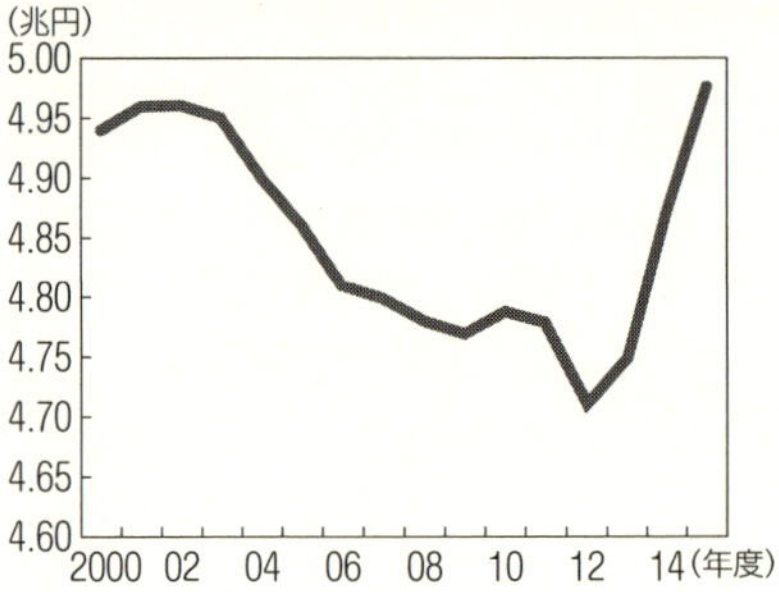

資料：「赤旗」2015年1月8日

なども整え、武器の輸出促進策を整備する構想も動きだしました。日本は、戦争を欲し、戦争がなければ生きてゆけない「死の商人」国家へと変質し始めています。

法や制度の改変の最たるものは憲法の改定です。その準備としては、憲法改定の手続きを定めた改正国民投票法の成立があります。14年6月13日に共産党と社民党を除く8党の賛成で成立し、施行から4年後に投票年齢を18歳以上に引き下げることが決まりました。

第二は、自衛隊の「戦力」化と在日米軍基地の強化です。13年12月に国家安全保障戦略が閣議決定され、同時に新防衛計画の大綱と新中期防衛力整備計画※も閣議決定されました。「陸上総隊」の新設や日本版海兵隊に当たる水陸機動団の編成もめざされています。

15年度の軍事費は3年連続で増え、過去最高の4兆9800億円となりました。新型輸送機オスプレイを5機、水陸両用車を30両発注し、無人偵察機グローバルホークも調達します。在日米軍の再編費は、沖縄県普天間飛行場の移設費計上などで460億円ほど増えます。（図表6参照）

陸上自衛隊に導入する予定のオスプレイについては佐賀空港に配備し、陸上自衛隊木更津駐屯地（千葉県木更津市）を米海兵隊と自衛隊のオスプレイの日米共同整備拠点にする計画だといいます。

※新防衛大綱・新中期防衛力整備計画

防衛力のあり方や具体的な整備目標などについての基本方針が防衛大綱で、それに基づく国防計画が中期防衛力整備計画（中期防）。5年間で24兆6700億円程度とされ、水陸両用車52両、無人偵察機3機、オスプレイ17機の購入などが盛り込まれた。

※国民投票法

改憲のための国民投票の手続きを定めた法律。憲法第96条は各議院の3分の2以上の賛成で発議し、国民投票で過半数が賛成することを求めている。07年に成立し、14年の改正で公務員の組織的な勧誘活動を認め、国民投票年齢を施行4年後に「18歳以上」に引き下げるとしている。

また、米軍の普天間基地の移設のための辺野古新基地建設に向けて辺野古沖のボーリング調査が強行されました。引き続き、新基地建設に向けての準備が進められています。沖縄県知事選挙や衆院選での新基地反対という県民の意思の表明にもかかわらず、既定方針通りに既成事実化を進めてしまおうというわけです。

さらに、海上自衛隊が建造を計画しているイージス艦に敵ミサイルの位置情報を味方同士で共有し、即時に迎撃するシステムを装備するようです。「共同交戦能力（ＣＥＣ）」と呼ばれる先端システムで、自衛隊への導入は初めてになります。米軍との共同運用も視野にあるとみられ、集団的自衛権行使を念頭に置いた整備の一環だと思われます。

第三は、世論対策、教育への介入です。官邸によるメディア・コントロールが強まり、13年秋の臨時国会では特定秘密保護法が成立しました。それと関連して14年春の通常国会で国会法が改定され、秘密会の設置も決まっています。教育再生会議を先頭とする教育への政治介入も強まっています。

「戦争する国」になるには、「戦争を支持する社会」と「戦える人材」を確保することが不可欠です。マスコミの懐柔と統制、情報の秘匿と管理、教育への介入と支配などはいずれも、戦える社会、戦える心、戦える人材を生み出すという目的にそったものです。全て「戦争する国」への準備にほかなりません。

マスメディアの変容

第二次安倍内閣になってから特に力が入れられている分野はマスメディア対策です。ＮＨＫ会長に籾井勝人三井物産元副社長が就任し、会見で「政府が『右』と言っているのに我々が『左』と言うわけにはいかない」と述べて物議を

※日本会議
日本最大の規模を有する右翼団体。97年５月30日に「日本を守る会」と「日本を守る国民会議」が統合して結成。会長、三好達・元最高裁長官。日本会議国会議員懇談会（日本会議議連）には約250人が属し、第２次安倍改造内閣では19人の閣僚のうち15人がメンバー。現在の同議連会長は平沼赳夫衆院議員（次世代の党党首）。地方議員は日本会議地方議員連盟に属している。

かもしました。

また、歴史修正主義的発言とヘイトスピーチをツイッターで発信している作家の百田尚樹さん、「日本会議※」の代表委員で「安倍晋三総理大臣を求める民間人有志の会」のメンバーでもあった長谷川三千子埼玉大名誉教授、安倍首相の元家庭教師だった本田勝彦日本たばこ産業顧問など、首相と極めて近い立場の「お友だち」がNHKの経営委員に選任されています。

これ以外にもマスメディア対策やマスコミ工作が周到になされ、メディア・コントロールに細かく神経が配られてきました。たとえば13年12月26日の靖国神社参拝※を強行した日の夜には報道各社の政治部長らと2時間以上にわたって会食し、消費税8%への増税を強行した4月1日夜にも報道各社の記者と懇談、翌日には再び政治部長経験者らと会食していました。安保法制懇の報告書が出た5月15日の夜には、各社の解説委員、論説委員ら幹部記者と食事をするなどの懐柔工作が行われています。（図表7参照）

図表7　安倍首相とマスコミ各社幹部との会食

●秘密保護法成立後の13年12月16日
場所＝東京・山王パークタワー内中国料理店「溜池山王聘珍樓」
出席者＝田崎史郎「時事通信」解説委員、山田孝男「毎日新聞」専門編集委員、曽我豪「朝日新聞」政治部長、小田尚「読売新聞」東京本社論説委員長、粕谷賢之「日本テレビ」報道局長

●靖国神社を訪問した13年12月26日
場所＝東京・赤坂のANAインターコンチネンタルホテル東京内日本料理店「雲海」
出席者＝報道各社の政治部長

●消費税増税が施行された14年4月1日
場所＝東京・四谷の居酒屋「鉄板酒場アケボノヤ四谷店」
出席者＝報道各社の記者

●翌4月2日
場所＝東京・赤坂の日本料理店「こうしんほう」
出席者＝赤座弘一「BS日テレ」社長、原田亮介「日本経済新聞」常務執行役員ら報道各社の政治部長経験者

●集団的自衛権行使容認の検討を公式に表明した14年5月15日
場所＝西新橋「しまだ鮨」
出席者＝田崎史郎「時事通信」解説委員、山田孝男「毎日新聞」専門編集委員、島田敏男「NHK」政治解説委員、曽我豪「朝日新聞」政治部長、小田尚「読売新聞」東京本社論説委員長、粕谷賢之「日本テレビ」報道局長

●衆議院選が行われた14年12月14日の翌々日
場所＝西新橋「しまだ鮨」
出席者＝田崎史郎「時事通信」解説委員、曽我豪「朝日新聞」政治部長、山田孝男「毎日新聞」専門編集委員、小田尚「読売新聞」東京本社論説委員長、石川一郎「日本経済新聞」常務、島田敏男「NHK」政治解説委員、粕谷賢之「日本テレビ」報道局長

第二次安倍内閣になってから、このようなマスメディアとの癒着、あるいはマスコミ工作が非常に目につき、過去2年間で会食や懇談は40回にも上っているそうです（図表8参照）。このような働きかけもあって、マスメディアは政府批判に手心を加える傾向を強めてきました。

一方で、政府に対する批判を封じて自分たちに都合の良い情報を流させるために密室での談合を仕掛ける官邸、他方で、それに応じて権力に対するチェックという大きな役割を放棄するマスコミ各社の幹部たち。その姿は、先進国の中では例を見ないものです。

このようななかで進行しているのがマスメディアの変容です。マスメディアは立法・行政・司法に次ぐ「第四の権力」と言われますが、本来は真実を報道することによって権力を監視し牽制するのがその役割のはずです。ところが、だんだんと「支配の手段」へと変わってきてしまいました。

その背景には、商業主義に対するジャーナリズム精神の屈服という問題もあります。週刊誌などの見出しを見ていると、すぐにでも中国や北朝鮮との戦争が始まるかのような扇情的な言葉が踊っています。「売らんかな」という商売っ気が先に立ち、社会的な影響への配慮を欠いています。

図表8　安倍首相とメディア幹部の会食頻度
（首相就任後2年間）

「読売」＝渡辺恒雄本社グループ会長…8回、白石興二社長…2回、論説主幹…7回、政治部長…1回
フジテレビ＝日枝久会長…7回
「産経」＝清原武彦会長…4回、熊坂隆光社長…3回
日本テレビ＝大久保好男社長…4回、解説委員長…6回
「日経」＝喜多恒雄社長…1回、杉田亮毅前会長…2回、常務…2回、論説委員長…1回
「朝日」＝木村伊量社長（当時）…2回、政治部長（のち編集委員）…4回
「毎日」＝朝比奈豊社長…2回、特別編集委員…4回
共同通信＝福山正喜社長…3回、石川聡社長（当時）…1回
時事通信＝西沢豊社長…2回、解説委員…6回
テレビ朝日＝早河洋社長（のち会長）…2回、吉田慎一社長…1回

資料：「赤旗」2014年12月30日

※靖国神社への参拝
靖国神社は特定の宗教施設で、公人の参拝は憲法の政教分離原則に違反する。A級戦犯が合祀されており、それが公になった79年4月以降、昭和天皇は参拝せず、今の天皇も参拝していない。付設されている遊就館の展示は戦争責任を認めず美化する内容で、周辺諸国の反発を招いている。

こうして、好戦的な雰囲気が高まって本当に戦争にでもなったら責任が取れるのでしょうか。売れさえすれば、何を、どのように報じても良いという考え方、報道の影響・結果を顧慮しない姿勢は厳しく批判されるべきです。好戦的な雰囲気づくりに協力して戦争推進の一翼を担った戦前の過ちを繰り返してはなりません。

「面白おかしく」というのがテレビなのかもしれませんが、最近のテレビは面白くなくなって、おかしくなってしまいました。私は共著で『テレビはなぜおかしくなったのか』（高文研、2013年）という本を書いていますが、おかしくなってしまった理由の一つは「売らんかな」が前面に出て視聴率競争に翻弄されている点にあります。

このようなマスメデイアの変容の結果、リアルな世界とバーチャルな世界との間にズレが生じました。メディアを通じて私たちが受け取る世界は、必ずしも現実の世界そのものではありません。重要な事実や運動が無視あるいは軽視され、世論を変えてしまうというようなことがしばしば見受けられます。

15年1月に発生した「イスラム国」（IS）による人質殺害事件でも、テレビをはじめとするどのメディアも安倍政権を擁護して「テロとの闘い」を煽るものばかりになりました。事件をきっかけに事実上の情報統制が敷かれ、安倍政権による人質の見殺しを批判する声は封じられたのです。メディアは惨憺たる状況となり、自衛隊派兵や憲法改定を煽り立てる風潮が強まっています。

世論調査をすれば個々の政策課題では批判や反対が多いのに内閣支持率が比較的高く推移している秘密も、このようなメディアのあり方に原因があるのではないでしょうか。それを批判するとともに、そのようなムード的な内閣支持を打ち破るに足る大きな運動が求められているということになるでしょう。

同時に、ここで強調しておきたいことは、テレビをはじめとしたマスメディアの内部には、良心的で気概を持った真面目なメディア関係者やジャーナリストも沢山いるということです。これらの人びとを励まし、メディア全体として本来の姿を取り戻すように導くことも必要です。悪質で問題の多い番組や報道への批判だけでなく、良い番組や報道への共感や評価を伝えることによって、「メディアの良心」を守り、励ますようにしたいものです。

特定秘密保護法の危険性

国民主権の国であれば、あらゆる情報はすべて国民のものです。勝手に隠されたり、歪められたりしてはなりません。まして、権力者にとって知られたくない事実こそ、国民にとっては知らなければならない重要な事実なのです。

それを隠したいとき必要となるのが、「秘密保護」のための特別の法律です。14年12月10日に、そのような法律が施行されました。そのことは権力者にとって隠したい事実があるということ、これから生まれてくる可能性があるということを、私たちに教えてくれています。

特定秘密保護法の施行に伴い、秘密の指定や解除が適正に行われているかどうかを監視する「独立公文書管理監」が選任され、内閣府の「情報保全監察室」も発足しました。しかし、いずれも行政府に属するもので各省庁に強制的に特定秘密を出させる力はなく、独立性が担保されているのかという大きな問題があります。「身内」の組織をいくらつくってみてもチェック機能は働かず、拡大解釈や乱用を防ぐ仕組みにはなりません。

法施行に合わせて、国会にも衆参両院の「情報監視審査会」が設置されました。設置されても秘密会ですから、こちらの方も情報公開による「国民の知る権利」を守るものとはなっていません。これに加えて、秘密保護法にはさまざまな問題があります。

第一に、プライバシーの侵害です。秘密保護法には「特定秘密」を取り扱う人を調査して管理する

「適性評価制度」がありますが、調査項目は酒癖、ローンなどの借金、精神疾患などでの通院歴、家族の国籍まで調べられます。

秘密を取り扱う人は国家公務員だけではありません。一部の地方公務員、政府と契約関係にある民間事業者で働く人も含まれます。本人の家族や同居人にも調査が及び、広範囲の個人情報が収集・管理されることになります。

第二に、「特定秘密」の範囲が曖昧です。「特定秘密」の対象になる情報は「防衛」「外交」「特定有害活動の防止」「テロリズムの防止」の4分野55項目に関する情報とされていますが、その範囲は広くどんな情報でもどれかに該当し何でも「特定秘密」になってしまう可能性があります。

現に、岸田文雄外相は15年2月4日の衆院予算委員会で、中東の過激派「イスラム国」（ＩＳ）に日本人2人が殺害された事件について、特定秘密保護法の対象となる情報がありうるとの認識を示しました。安倍首相も「外国における邦人に対するテロ事件であることから（特定秘密に）該当する情報が含まれ得る」と述べ、一部の情報が特定秘密保護法の指定対象となる可能性に言及しています。

行政機関が国民に知られたくない情報を「特定秘密」に指定し、国民の目から隠してしまえるということです。例えば、普天間基地に関する情報や自衛隊の海外派兵などは「防衛」に含まれ、原子力発電所の安全性や放射線被ばくの実態、健康への影響などは「テロリズムの防止」に含まれるなど、「特定秘密」に指定され国民の目から隠されてしまうかもしれません。

そのうえ、刑罰の適用範囲も曖昧で広くなっています。省庁と契約している民間業者も最高懲役10年とされていますが、どのような行為について犯罪者として扱われ処罰されるのかが全く分かりません。

第三に、マスコミの取材・報道に対する制限と委縮という問題があります。「特定秘密」について知ろうとする行為も、「特定秘密の取得行為」として処罰の対象になるからです。これでは、自由な取材活動や調査ができません。マスコミの記者やフリーライターだけでなく、学者・研究者などの調査や国会議員の国政調査権も大きな制約を受けることでしょう。

また、正当な内部告発についても萎縮してしまいます。この法律が実際に発動され適用されなくても、罪に問われる可能性があるというだけで取材活動や内部告発が自主規制され、国民の知る権利が制約されることになります。

このように、特定秘密保護法は民主主義国家として自由・民主主義・人権が保障されているのかが疑われるような内容を持っています。日本という国が民主主義を語れる国であるためには、このような法律を制定すべきではありませんでした。

しかし、それはすでに施行されてしまいました。そうなったからには、国民の手によって葬り去るしかありません。国民の「知る権利」を阻害しないように運用のあり方を可能な限り改善するとともに、廃止につながるような力関係を作り出すことが必要です。特定秘密保護法をさし当り「仮死状態」に追い込むことで、自由と民主主義を国民自身の手によって守らなければなりません。これからも法の施行に対する監視を強め、その廃止を目指す運動に持続的に取り組んでいく必要があるでしょう。

「教育再生」による内心への介入と支配

「戦争する国」になるための「心づくり」「人材づくり」が「教育改革」です。教育再生実行会議を中心に、教育委員会や教科書への介入、道徳の教科化が行われ、18年度からは道徳の習得具合が評価対象になります。

英語を小学校の時から話せるようにするともいいます。アメリカとの共同作戦になれば使われる言語は英語ですから、英語教育を重視するのにはそのような隠された目的があるのではないかと勘繰りたくなります。

このような「教育改革」については、「教科書改革実行プラン」などによる国家主義的な「思想統制」、道徳の教科化に見られる新保守主義的な「人格統制」、「小中一貫教育の制度化」などに見られる新自由主義的な「教育機会の制度的格差化」、全国学力テストの学校別結果公表や大学入試改革に見られる成果主義的な「教育統制」、教育委員会制度改革などによる管理主義的な「行政的統制」など、多様な問題点が指摘されています（藤田英典『安倍「教育改革」はなぜ問題か』岩波書店、2014年）。

教育再生実行会議が発足した時に挨拶した安倍首相は、教育再生は経済再生と並ぶ日本国の最重要課題だとして二つの点について要請しました。一つは規範や愛国心による国民統合の強化、もう一つはグローバル人材の育成です。前者のナショナリズム的愛国心教育は第一次安倍内閣からの継続で、後者のグローバリズム的な国際化志向がアベノミクスに付随する新しい課題だと言えるでしょう。そして、この二つの課題は、実は矛盾するような内容を持っているという点が重要です。

ナショナリズム的愛国心教育など国民統合を強めるための内心への介入と支配は、すでに長い間の戦後民主教育に対する自民党の攻撃によって実行され、徐々に学校教育は変質してきました。その変質によって生じた「歪み」の典型的な表れが安倍首相の歴史認識であり、橋下徹大阪市長の「従軍慰安婦発言」や麻生太郎副総理の「ナチス発言」などでした。

誤った歴史認識や教育内容を強権的に注入すれば、このような歴史的事実を無視した間違った認識を持つ人たちがもっと生まれてくるにちがいありません。歴史認識の内容も、強権的にそれを注入するやり方も、どちらも誤りです。

これは安倍政権によって推進されている教育政策の大きな矛盾だと言えます。マイノリティに共感して民族の共生を尊重するコスモポリタンが求められているのに、愛国心教育で日本は悪くなかったと教え込もうとしているからです。これでは、日本の戦争責任や植民地支配の過ちを認めず、周辺諸国を蔑み民族的差別に鈍感な「愛国者」がどんどん増えていくでしょう。「朝鮮人を殺せ」というようなヘイトスピーチ※、ヘイトデモが起きていますが、それに共感するような人たちが韓国や中国をはじめ国際社会で活躍できるのでしょうか。

自国の歩みや世界の動きに精通した国際感覚豊かな地球市民こそ、グローバル市民になれる人たちです。歴史的な文脈や全体構造を理解せず、部分しか見ていない歪んだ歴史観、世界の歩みをきちんと理解できない国際感覚に欠けるような人は、決してグローバル市民にはなれず、したがって「グローバルな人材」にもなれません。

ビジネス社会でも、自主性があり問題解決能力を持った人間が求められています。しかし、安倍政権による管理教育や統制の強化では、自分の頭で考えない、使いやすい「指示待ち人間」を増大させるだけです。上から一方的に注入され押しつけられる教育、なるべく自主性を削ぐような教育では、ビジネス社会の要請にも応えられないでしょう。

本当に求められている教育改革とは、憲法や子どもの権利条約などに基づくものであり、子どもが育つ家庭、学校や先生を支えることです。生活苦が拡大して家庭の危機を生み出し、教育される権利が十分に保障されなくなっています。先生はあまりにも忙しくて子どもと接する時間を取ることができず、きめ細かな指導ができません。何よりもまず、政治はこのような問題の解決にこそ取り組むべきではないでしょうか。

※在特会
在日特権を許さない市民の会の略称。在日韓国・朝鮮人が特別永住資格や様々な経済的便宜などの特権（在日特権）を得ているとし、その 撤廃を目標に07年１月に発足。在日韓国・朝鮮人などに対して差別や偏見、憎悪などを掻き立てるヘイトデモやヘイトスピーチを繰り返している。

背景としての安保条約

「戦争する国」づくりの背景には、日米安全保障条約（安保条約）の存在があります。この条約を中心とする日米安保体制によって対米従属状態が固定化され、日米同盟によって日本は数々の過ちを犯してきました。これについて、いくつかの点を指摘しておきましょう。

その第一は、アメリカが始めたベトナム戦争とイラク戦争への加担です。安保体制によって日本は実際に戦争に巻き込まれ、在日米軍基地は日本を守るためにではなく、ベトナムやイラクに出撃するための前線基地として利用されてきました。

出撃基地が極東に存在したことは、アメリカにとってもプラスではなくマイナスになったという点が重要です。在日米軍基地がなければ、これらの間違った不正義の戦争を遂行できなかったかもしれないからです。もし、そうであったなら、ベトナム戦争やイラク戦争で失われた多くの命が救われ、アメリカの国富も浪費されなかったでしょう。

第二は、安保条約で示されていた「極東の範囲」が真っ赤な嘘だったということです。新安保条約第六条（極東条項）は「極東における国際の平和及び安全の維持」を掲げ、その範囲は「大体においてフィリピン以北、日本及びその周辺地域」で、周辺地域には韓国及び台湾も含まれるとされてきました。

しかし、在日米軍はベトナム戦争でインドシナ半島に出撃し、イラク戦争では、沖縄をはじめ、三沢、嘉手納、岩国、厚木などの基地から中東地域にまで派遣されています。「極東の範囲」などは全くのデタラメでした。

第三は、安保条約改定の際に日米間で交わされた合意・密約の存在です。それには、①核兵器についての事前協議は「持ち込み」（イントロダクション）だけで立ち入りや飛来（エントリー）は対象外という「核持ち込み密約」、②朝鮮半島有事における出撃は事前協議の対象外とする「朝鮮半島有事密約」、③「地位協定」下での基地権は「行政協定」の下でも変わりなく続くという「米軍の基地特権密約」、④「いちじるしく重要」な事件以外には「第一次裁判権」を行使しないという「裁判権密約」、⑤日米共同作戦の場合「最高司令官はアメリカ軍人がなる」という「指揮権密約」などがありました。

新安保条約で導入された事前協議制は虚構で、米軍の特権は維持され、裁判権や指揮権などの重要な権限は全てアメリカが握ることになっていたのです。これらの密約は長い間秘匿され、その一部は現在でも生き続けています。

第四は、安保体制が改憲策動の震源地になっていることです。安倍首相は日米同盟を強化して「戦争する国」へと、日本を変えようとしています。それは安保体制によって日本がアメリカと軍事的に深く結びつけられ、憲法体系とは異なる安保法体系が形成されたからです。

もし、安保条約がなく日米軍事同盟体制が存在しなければ、これを強化しようなどという野望も、アメリカと一緒になって戦争しようなどという夢想も生まれなかったでしょう。極東における平和のためにも、日本の安全のためにも、安保条約は大きな障害となっているのです。

そして第五は、今もなお沖縄が対米従属の犠牲とされ続けていることです。沖縄には、日本の米軍基地の74％が集中しており、ベトナム戦争やイラク戦争に際して出撃基地として利用されました。いままた危険きわまりない垂直離着陸機「オスプレイ」の訓練場となっています。

このような状況が続いている最大の要因も安保体制の存在です。安保があるから米軍基地を置かなければならず、その負担の多くは沖縄に押しつけられています。沖縄の基地負担を完全になくすためには安保条約を廃棄しなければなりません。１９６０年に掛け違えたボタンを掛け替えることは、半世紀以上経過した今日においても、なお現実的な課題なのです。

（３）改憲のもくろみを打破するために

本格化する改憲への取り組み

自民党はいよいよ安倍首相（党総裁）の悲願である憲法改正に向けた取り組みを本格化させようとし

ています。改正の必要性が強いと考える重要項目をリストアップして2月の憲法改正推進本部の総会に示す予定で、他党の賛同を得やすい項目を中心に9条や改正手続きを定めた96条も盛り込む方針だそうです。

手始めとして与野党共通の改憲試案策定を目指し、3月にも協議をスタートさせたい考えだといいます。改憲に一定の理解を示しながらも9条改正には慎重な公明党や、民主党、維新の党など野党勢力を取り込んで、改憲の実績をつくるのが狙いです。

「まずはできるところから改憲を実現させたい」ということで、「環境権」や緊急事態への対応、財政規律に関する規定の新設などについて16年の参院選前に第一弾の共通試案を取りまとめ、参院選後にも国民投票に付すスケジュールを想定しているようです。

安倍首相は国会内での改憲勢力を拡大するだけでなく、国民的な理解を得る作業も重視しています。憲法改正を発議できても国民投票で否決されれば改憲の機運は一気にしぼんでしまうからです。総選挙後の14年12月の記者会見でも「大切なことは国民投票で過半数の支持を得ることだ。ここがまさに正念場だ」と強調していました。

このために、自民党は衆参両院の憲法審査会で地方公聴会を積極的に行っていこうとしています。改憲に向けて世論を醸成するための対話集会も各地で開くことを検討しているようです。国民世論の獲得をめぐっての本格的な「対決」が始まろうとしています。

このような世論工作に、安倍政権は15年1月に起きた「イスラム国」（IS）による日本人人質殺害事件という惨劇を利用しようとしています。「テロとの戦い」を口実に9条に対する攻撃を強め、世論を変えて一気に改憲機運を高めようという「ショック・ドクトリン」（惨事便乗型政策転換）の発動です。

※96条先行改憲論

改憲を容易にするために、先ず96条を変えて発議条件を緩和しようという意見。憲法第96条第1項は、憲法の改正のためには、「各議院の総議員の3分の2以上の賛成で、国会が、これを発議し」と定めている。この3分の2を過半数に改めようというのである。

このような「戦争する国」づくりに向けての改憲のもくろみを、どのように打ち破っていったらよいのでしょうか。もちろん、こうすれば必ず打破できるという「特効薬」のようなものはありません。「病気」の治癒に効果があると思われるいくつかの「処方箋」を提案できるだけです。

とりあえず、三つの「処方箋」をさしあげましょう。一つは改憲論の危険性やデタラメを暴露すること、二つ目は現行憲法の意義と可能性を明らかにすること、三つ目は「活憲」によって憲法の理念・条文の具体化をめざすことです。

自民党改憲草案の危険性

改憲論の危険性やデタラメを暴露するうえで重要なことは、自民党が12年4月に発表した改憲草案の危険性、時代錯誤性を徹底的に明らかにすることです。この草案は、自民党という政党の駄目さ加減をはっきりと示しており、憲法を変えることによってどのような国を作ろうとしているのか、その頭の中を見せてくれている点で貴重であり、参考になるものです。

その特徴をひと言で言えば、立憲主義を否定したうえで、憲法の三大原理といわれる国民主権、基本的人権の尊重、平和主義を改変しようというものです。

立憲主義というのは、国の統治は憲法に基づいて行われなければならないという考え方で、憲法を守るべきは国家の方であって、それを守らせるのは国民なのです。ところが自民党の草案では、第102条を新設して「全て国民は、この憲法を尊重しなければならない」という規定を新たに設けています。立憲主義をひっくり返し、「憲法尊重擁護義務」を国民に課しているわけです。立憲主義とは何かについて自民党は全く理解していないということが、この条文から良く分かります。

また、国民主権（民主主義）についても、前文にある「主権が国民に存することを宣言し、この憲法を確定する。そもそも国政は、国民の厳粛な信託によるものであつて、その権威は国民に由来し」という部分をバッサリと削り、第1条に「天皇は、日本国の元首であり」という規定を加えています。

第3条（国旗及び国歌）を新設して、その2で「日本国民は、国旗及び国歌を尊重しなければならない」という規定も設けました。「尊重」しなければ罰せられるというわけで、君が代斉唱の際の不起立は犯罪になります。これについては、04年秋の園遊会で都の教育委員をしていた将棋の米長邦雄永世棋聖が「日本中の学校で国旗を掲げ、国歌を斉唱させることが私の仕事でございます」と述べたのに対し、天皇が「やはり、強制になるということではないことが望ましい」と答えた事実を指摘しておきましょう。

基本的人権への無理解

基本的人権の尊重（人権保障）では、「この憲法が日本国民に保障する基本的人権は、人類の多年にわたる自由獲得の努力の成果であつて、これらの権利は、過去幾多の試錬に堪へ、現在及び将来の国民に対し、侵すことのできない永久の権利として信託されたものである」としている第97条が削除されています。また、「公共の福祉」という言葉がすべて「公益及び公の秩序」に置き換えられ、「憲法によって保障される基本的人権の制約は、人権相互の衝突の場合に限られるものではないことを明らかにし」（自民党Q＆A）て、基本的人権の恣意的制限に道を開いています。

また、現憲法の「個人」という言葉が「人」に置き換えられています。小さな違いに見えますが、実は大きな違いです。個人に対しては国家が、人に対しては動物が対概念になるからです。国家と対置される個人を尊重し、個人を基礎とするのが近代国家ですから、そのような基本枠組みの否定に通ずる大きな変更だというべきでしょう。

第18条「何人も、いかなる奴隷的拘束も受けない」という条文が、「何人も、その意に反すると否とにかかわらず、社会的又は経済的関係において身体を拘束されない」と変更されているのも注目されます。徴兵制のような「奴隷的拘束」を可能とし、「社会的又は経済的関係」ではない政治的関係においてなら「身体を拘束」できると読めるからです。

さらに驚くべきことは、「人権規定も、我が国の歴史、文化、伝統を踏まえたものであることも必要だと考えます。現行憲法の規定の中には、西欧の天賦人権説に基づいて規定されていると思われるものが散見されることから、こうした規定は改める必要があると考えました」（自民党Q＆A）と説明されていることです。それぞれの国の「歴史、文化、伝統を踏まえた」人権規定が必要で、「西欧の天賦人権説」に基づくような「規定は改める必要がある」と言うのですから……。

外国でこんなことを言ったら、笑われてしまいます。人権は人間が生まれながらにして持っている権利で国や時代を超越した普遍的なものであるということが全く理解されていないからです。この解説は近代政治思想についての無知を告白しているようなものでしょう。

現行憲法の第21条「集会、結社及び言論、出版その他一切の表現の自由は、これを保障する」について も、自民党案の第21条2では「前項の規定にかかわらず、公益及び公の秩序を害することを目的とした活動を行い、並びにそれを目的として結社をすることは、認められない」とされています。「表現の自由」に例外を設け、「公益及び公の秩序を害する」という曖昧な基準で禁止できるようになっているわけです。

このほか、自民党案第24条では「家族は、社会の自然かつ基礎的な単位として、尊重される。家族は、互いに助け合わなければならない」とし、古色蒼然とした家族・共同体観が示されています。全く余計なお世話で、夫婦げんかも憲法違反にされかねません。

さらに重大なのは、「内乱等による社会秩序の混乱」について「第9章緊急事態」を新設し、「内閣は法律と同一の効力を有する政令を制定することができる」として「何人も、……国その他公の機関の指示に従わなければならない」と定めていることです。これではまるでナチス張りの「授権法」そのものではありませんか。

9条改憲と国防軍の新設

平和主義についても、大きな変更があります。前文の中に「平和主義」という言葉が残っていても、「日本国民は、恒久の平和を念願し、人間相互の関係を支配する崇高な理想を深く自覚するのであつて、平和を愛する諸国民の公正と信義に信頼して、われらの安全と生存を保持しようと決意した。われらは、平和を維持し、専制と隷従、圧迫と偏狭を地上から永遠に除去しようと努めてゐる国際社会において、名誉ある地位を占めたいと思ふ」という部分はすべて削除されています。

9条についても、第1項の次にあった「前項の目的を達するため、陸海空軍その他の戦力は、これを保持しない。国の交戦権は、これを認めない」という条文は削られ、「前項の規定は、自衛権の発動を妨げるものではない」として、集団的自衛権の発動を可能にしています。

その次に「第9条の2」として「国防軍」規定が新設され、「国際社会の平和と安全を確保するために国際的に協調して行われる活動及び公の秩序を維持し、又は国民の生命若しくは自由を守るための活動を行うことができる」として有志連合による海外派兵を可能にするとともに、「国防軍の組織、統制及び機密の保持に関する事項は、法律で定める」として機密保護法の制定、「国防軍に属する軍人その他の公務員がその職務の実施に伴う罪又は国防軍の機密に関する罪を犯した場合の裁判を行うため、法律の定めるところにより、国防軍に審判所を置く」として軍法会議の設置などが定められています。

この「国防軍」規定の新設こそ自民党の悲願であり、憲法を変えたいと考えている中心的なポイントだといって良いでしょう。同時にそれは、これまでの自民党歴代政府がついてきた嘘と誤魔化しをはっきりと示すものでもあります。

歴代政府の首相は、自衛隊は軍隊ではないから9条の下でも保持できると言い訳してきました。とところが最近では、自衛隊は実態として軍隊だから国防軍とするべきだと言い出しています。これまで自衛隊は軍隊ではないと説明してきたことが真っ赤な嘘だったと認めたことになるわけですが、そのことすら自覚されていないようです。

安倍首相は13年2月1日の参院本会議で、「自衛隊は国内では軍隊ではありませんが、国際法上は軍隊として扱われています。このような矛盾を実態に合わせて解消することが必要と考えます」と答弁しました。しかし、以前はどう説明していたのでしょうか。

鈴木宗男衆院議員の質問に対して06年12月1日付で出された安倍首相の答弁書では、自衛隊は「通常の観念で考えられる軍隊とは異なるもの」で、憲法9条第2項で「保持することが禁止されている『陸海空軍その他の戦力』には当たらない」と答えていたのです。

7年前には「通常の軍隊ではない」から保持できると言っていたのに、今は「実態」としては「軍隊」だから国防軍とすべきだというわけです。わずか7年間で転換してしまいました。このようなことが、許されるのでしょうか。国民に対して、このような大嘘をついてきた責任はどうなるのでしょうか。

このように、自民党の改憲案は時代錯誤のとんでもない代物です。このような内容を知らせさえすれば、そのことは多くの国民に理解されるにちがいありません。

イラク戦争と「イスラム国」（IS）人質殺害事件の教訓

憲法の危機打開に向けての二つ目の「処方箋」は、現行憲法の意義と可能性を明らかにすることです。憲法を守るためには、改憲の企てを阻むという「守勢」の取り組みだけでなく、その意義を明らかにし、憲法が持っているメリットと可能性を示すという「攻勢」的な取り組みも必要です。

03年3月のイラク戦争の開戦から10年以上も経ちますが、この戦争は憲法の意義と可能性を考えるうえでも大きな教訓を与えています。戦争が終わってからも、大量破壊兵器の開発や保有、フセイン政権とアルカイダとの結びつきなど戦争を正当化する証拠は何も見つかりませんでした。この戦争は嘘とデタラメによって始まったということになります。

アメリカのブッシュ政権は嘘を言って戦争を始め、多くの国々を焚きつけてそれに協力させました。日本の小泉首相は何の確証も独自の情報もなしに、ただアメリカから言われただけで追随してしまいました。

それだけではありません。戦闘終結後の復興支援活動ということで、小泉首相はイラクのサマーワに陸上自衛隊を派遣し、米軍の兵員や武器・弾薬の輸送への協力のために航空自衛隊をバグダッド空港に送りました。これによって日本は明確にアメリカの側にあることを示し、そのために日本の立ち位置に対する誤解を生む余地が生じたのです。

非戦闘地域へ派遣されたはずの陸上自衛隊のサマーワの宿営地へは2年半の間に13回で22発のロケット弾が発射されました。無事帰国した隊員のうち、陸上自衛隊は20人が自殺し、航空自衛隊では8人が自殺しています。心的外傷後ストレス障害（PTSD）が疑われますが、政府はイラク派遣についてまともな検証をしていません。

航空自衛隊の飛行機はバグダッド上空に来るとミサイルに狙われたことを示す警報音が鳴り響き、アクロバットのような飛行を余儀なくされました。名古屋高裁は08年4月、「航空自衛隊の空輸活動は米軍の武力行使と一体化していて憲法に違反する」との判決を出しています。

とはいえ、自衛隊は戦闘に巻き込まれて犠牲者を出すことはなく、イラクの人々を殺傷することもありませんでした。それは、戦闘終結後の非戦闘地域における復興支援活動ということで一定の縛り

※イスラム国（IS）
シリアやイラクの一部を拠点とする国際テロ組織でイラクのアルカイダ系組織が母体。14年6月末にイラク北西部からシリア東部の一帯でイスラム国家の樹立を一方的に宣言した。日本や米国、国際連合はISIL（アイシル）＝「イラク・レバントのイスラム国」を公式に 用い、IS、ISISなどの略称もある。最高指導者はアブ・バクル・バグダディでスンニ派のカリフを自称している。

がかけられていたからです。憲法9条による縛り、ある種の「バリアー」によって自衛隊はイラクで守られていたのです。

もし、安倍首相がねらう自衛隊の国防軍化や集団的自衛権の行使容認が実現していたら、全く違った展開になっていたでしょう。このような縛りや「バリアー」はなくなります。有志連合や多国籍軍に加われば、たとえ後方支援でも死者が出る危険性は避けられません。

それは「普通の国」になることだと安倍首相は弁解していますが、「普通の国」は軍事力に頼って問題を解決しようとして「普通の失敗」を犯すものだということを、イラク戦争は教えています。このような失敗を日本も戦前に犯し、アメリカはベトナムとイラクで二回も繰り返してしまいました。それを避けようというのが、憲法9条の叡智だったのではないでしょうか。

復興支援活動であったとはいえ、イラクへの自衛隊の派遣は大きな傷跡を残すことになりました。それは平和国家としての日本のイメージを傷つけ、アメリカの同盟国であるとしてイスラム圏から敵視される危険性を高めたからです。その最初の現れが13年1月にアルジェリアで起きた事件で、日本人社員10人が人質となって殺害されました。

次の事件は15年1月の「イスラム国」※（IS）を名乗る過激派集団による人質殺害事件です。この時も2人の日本人が拘禁されて殺害されました。残虐非道な許されざる犯罪ですが、そのきっかけとなったのはIS対策としての2億ドル拠出であり、これについて安倍首相は人道支援であって「誤解だ」と弁明しました。しかし、そのような「誤解」を世界中に振りまいてきたのは安倍首相自身です。

このような「誤解」を生まないためには、憲法9条を維持し、集団的自衛権の行使容認を撤回するべきです。米英とは異なる非軍事的な手段によって平和と安全に貢献する平和国家であることを、もっとはっきりと世界に向かってアピールしなければなりません。そこにこそ憲法9条の威力があり、現行憲法の意義と効用があるのですから。

「活憲」による憲法理念・条文の全面開花

憲法の危機打開に向けての三つ目の「処方箋」は、現行憲法の理念・条文の全面開花と具体化をめざすことです。たとえ、改憲を阻むことができたとしても今のままの状況が続くだけですから、それだけでは不十分です。

憲法9条は、軍国主義とは異なる平和な政治体制をめざすという宣言であり、国際社会への復帰に向けての国際公約です。それは、侵略戦争と植民地支配によって310万人以上もの日本人の命を奪い、中国や近隣諸国で約2000万人もの死者を出すという未曾有の犠牲の代償でした。

このような代償を払って得られ、平和主義を明記した日本国憲法は、世界のあるべき未来を示す理想の姿を示しています。それは日本が持っている最大のソフト・パワーであり、日本の政治的資源だと言って良いでしょう。いわばそれは「一周早いラスト・ランナー」のようなものです。トラックの一番最後を走っているように見えても、実は一周早く先頭を走っていたのです。

「日本の憲法は今でも先進モデル」で、「世界の最新版と比べても遜色がない」というのが、「成文化された世界のすべての憲法188ヵ国分」を分析したアメリカの法学者たちの結論なのです（「日本国憲法　今も最先端―米法学者ら188ヵ国を分析」『朝日新聞』2012年5月3日付）。そして、「米国の『押し付け』憲法を捨てて、自主憲法をつくるべきだという議論」に、分析したワシントン大学のデービッド・ロー教授は「奇妙なことだ」として、次のように語っています。

「日本の憲法が変わらずにきた最大の理由は、国民の自主的な支持が強固だったから。経済発展と平和の維持に貢献してきた成功モデル。それをあえて変更する政争の道を選ばなかったのは、日本人の賢明さではないでしょうか。」

憲法は国家統治に対する指示書であると同時に、国の青写真であり設計図です。国家が進むべき道を、指し示す羅針盤だといっても良いでしょう。憲法が指し示している国のあり方をめざすべき責任は何よりも政治家や行政官などにありますが、同時に国民も憲法の理念・条文の具体化に務め、その全面開花によって「憲法を暮らしに活かす」べきではないでしょうか。

先に紹介した『朝日新聞』の記事も、憲法の「不朽の先進性」を指摘するとともに、「ただ、憲法がその内容を現実の政治にどれほど反映しているかは別の問題だ」と指摘しています。憲法を守るだけでなく、それを「現実の政治」に反映させることを求め、政治と生活に活かすことが必要なのです。それが「活憲」です。

憲法は47年5月3日に施行されてからすでに67年以上を経過し、現存する憲法の中では「最高齢」だそうです。「画期的な人権の先取りをした、とてもユニークな憲法」であるにもかかわらず、それが現実の政治に活かされてきたとはとても言えません。この間、憲法を軽視あるいは敵視し、できれば改憲したいと願う保守勢力によって、いわば「冷凍保存」されてきたようなものでした。

とはいえ、憲法は完全に眠っていたわけではなく、まして「死んで」しまったわけではありません。その生命力は様々な憲法裁判などによって示され、ある時には闘いの武器として、またある時には運動の理念として大きな力を発揮し、生きつづけてきました。だからこそ、憲法の息の根を止め、「殺して」しまおうという改憲策動が絶え間なく続いてきたのです。

このような策動を打ち破り、憲法を完全に「解凍」し、その理念・原理を本格的に具体化するときが、今、ようやく訪れてきたのではないでしょうか。これについては、いくつかの例を示したいと思います。例えば、次のような点です。

第9条については、周辺諸国との関係改善を進めながら、自衛隊の将来的な解散を展望しつつ、縮小、改組・再編による国際緊急救助隊への転換を図り、削減した兵員は消防、警察、海上保安庁などに編入すること、第13条については、国民一人ひとりを個人として尊重し、パワハラ、セクハラ、いじめ、暴力、体罰などをなくすこと、第24条については、家庭を含めた全ての社会生活における女性への支援を通じて男女平等化を図ること、第25条については、国の責任によって「健康で文化的な最低限度の生活」のための社会保障サービスを確立すること、第27条については、賃金・労働条件の改善を図り、雇用の切断や過労死のない人間らしい労働（ディーセントワーク）を実現することなどです。

さらに、もっと多くの例を挙げることができるでしょう。憲法は先進性だけでなく、豊かな可能性を持っています。「活憲」によって、そのような可能性を花開かせる政治を実現したいものです。

最後に、どのような「国のかたち」を目指すのか、目的とすべき国家像について、ひと言触れておきましょう。憲法が指し示す「国のかたち」は、「平和・民主国家」を「日本イズム」とする、世界から尊敬され尊重される国、あらゆる国と友好関係を確立し、どの国とも敵対せず、「テロリスト」とされている人々によってさえ目の敵にされないような国、あの国に行ってみたいとあこがれを持たれ、経済的にだけでなく文化的・社会的な豊かさをめざす人々によって目標や手本とされるような国です。憲法を全面的に開花させ、それを活かして、このような国を実現したい。それが私の夢なのです。

第 2 章　憲法をめぐる対決

第3章　生活をめぐる対決

（1）幻想のアベノミクス

「アホノミクス」から「アホノミス」へ

異次元の金融緩和、大胆な財政出動、規制緩和による成長戦略という「3本の矢」を内容とする「アベノミクス」が鳴り物入りでスタートした時、本当は「アホノミクス」だと言われたものです。こんな金融・財政・経済対策で、日本経済が再生するはずがないからでした。

やがて、その失敗が明らかになるにつれて「アホノミクス」の「ク」が取れ、今ではただの「アホノミス」になっています。

それがどれほどの「ミス」であったのかが、明白な数字となって示されました。内閣府が14年11月17日に発表した7～9月期の実質GDP成長率の速報値は前期比で年率1・6％減だったからです。直前の市場予測は約2・5％増だったのに、2四半期連続のマイナス成長だというのですから、「えっ、マイナス？」と多くの人が驚きました。

市場でも大きな衝撃が走り、日経平均株価は前週末比500円超急落して1万7000円を割り込み、円相場も乱高下しました。日本経済は14年2月を頂点に景気後退局面に入ったのではないかとの見方もありましたが、それ

図表9　日本の実質GDP成長率

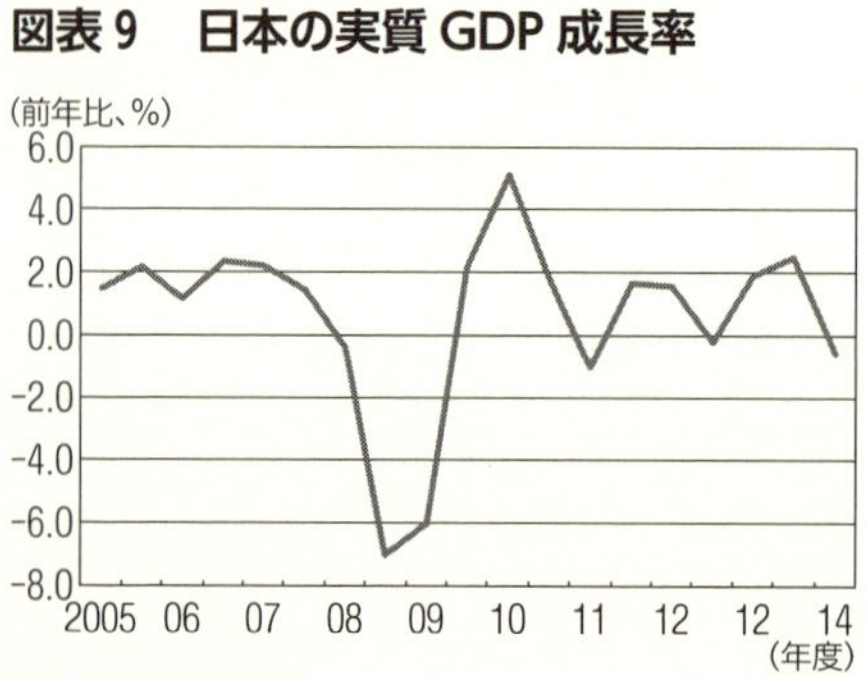

資料：日本銀行HP

が裏付けられた形です。

その後も、「アホノミス」を裏付けるような数字が示されています。14年12月8日に発表された7～9月期のＧＤＰの改定値が年率1・9％減と0・3ポイント下方修正されたからです。当初の発表よりもさらに悪かったことが明らかになりました。（図表9参照）

また、14年11月26日に発表された1世帯（2人以上）当たりの消費支出（物価の影響を除いた実質）は前年同月比2・5％減の28万2771円で、8ヵ月連続で前年を割り込んでいます。（図表10参照）

全国消費者物価指数（生鮮食品を除く総合）の伸び率は2・7％でしたが、消費増税の影響を除けば0・7％で、10月から0・2ポイント縮小しました。原油価格の急落や消費低迷が物価の伸びを抑えた形です。（図表11参照）

一方、厚生労働省の毎月勤労統計調査（従業員5人以上の事業所）の速報値によると、11月の1人当たりの現金給与総額は前年同月比1・5％減の27万2726円と、9ヵ月ぶりに減少に転じました。このため、物価の影響を加味した実質賃金は4・3％減となって10月（3・0％減）から下げ幅を拡大し、09年12月以来の大幅な落ち込みで17ヵ月連続の減少となっています。（図表12参照）

12年12月の安倍内閣発足後、日銀による大規模な金融緩和を背景に、大幅な円安・株高が進みました。株価は上がり、自動車など輸出産業は円換算した海外収益が膨らみ、業績が大幅に改善して14年春闘での賃上げにつながりました。公共事業を中心とした大規模な財政出動の効果もあって、有効求人

図表10　1世帯当たりの消費支出増減率

（2人以上世帯、前年同月比）

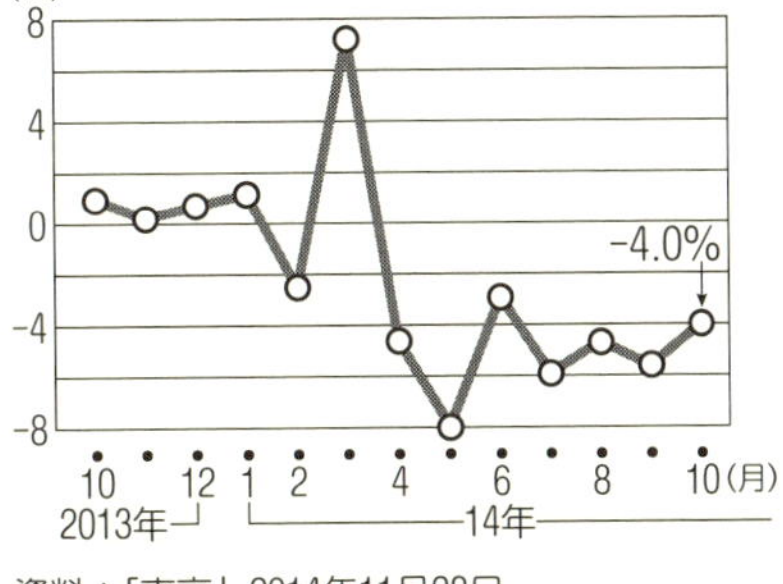

資料：「東京」2014年11月28日

図表11　名目賃金、実質賃金の推移

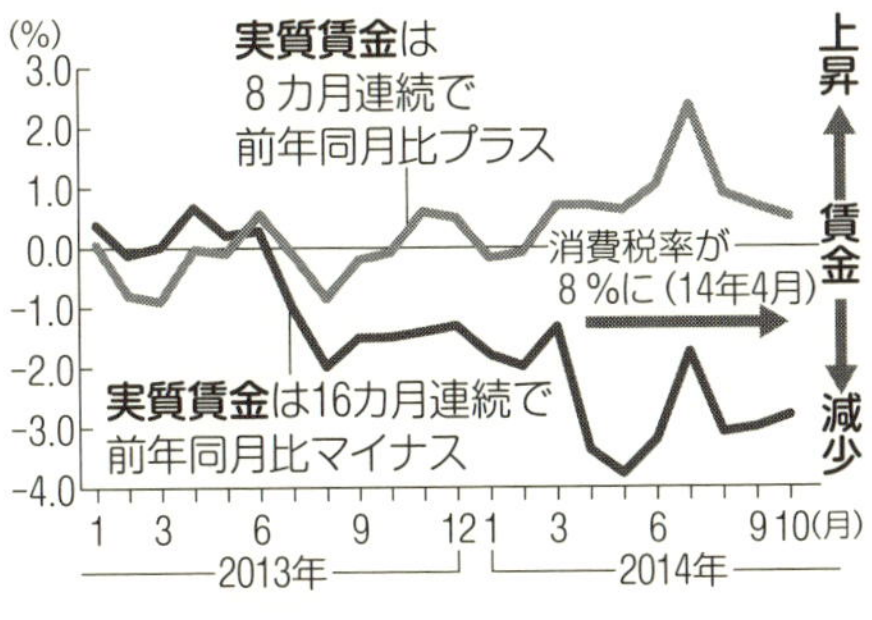

資料：「毎日」2014年12月12日

倍率など雇用指標も堅調です。
しかし、大企業の業績改善が消費や投資の活発化につながる「経済の好循環」は実現していません。雇用の改善とは言っても増えたのは非正規労働者で、正規労働者は減少しています。総務省が発表した14年11月の労働力調査によれば、非正社員の数は1年前よりも48万人増えて２０１２万人と初めて２０００万人を越えました。一方、正社員は29万人減ったため、非正社員の割合は38％に達しました。女性では半分以上の57％が非正社員です。（図表13参照）

安倍政権の2年間に月間現金給与額は27万５２５０円から26万７９３５円へと７３１５円の減少です。円安で物価が上がり、消費増税もあって可処分所得は減りました。日銀が15年1月に発表した生活意識アンケートによると、暮らし向きに「ゆとりがなくなってきた」という回答は51・１％となり、2年ぶりに半数を越えています。

15年1月の『毎日新聞』の世論調査でも、「アベノミクス」の効果は地方に十分に浸透していると思いますかという質問に、「浸透している」という答えはたったの6％です。逆に、「浸透していない」という回答は86％という圧倒的多数にのぼりました。

「この道しかない」と言って総選挙で有権者に無理強いしたアベノミクスの前途は不透明で、経済の

図表12　日経平均株価の推移

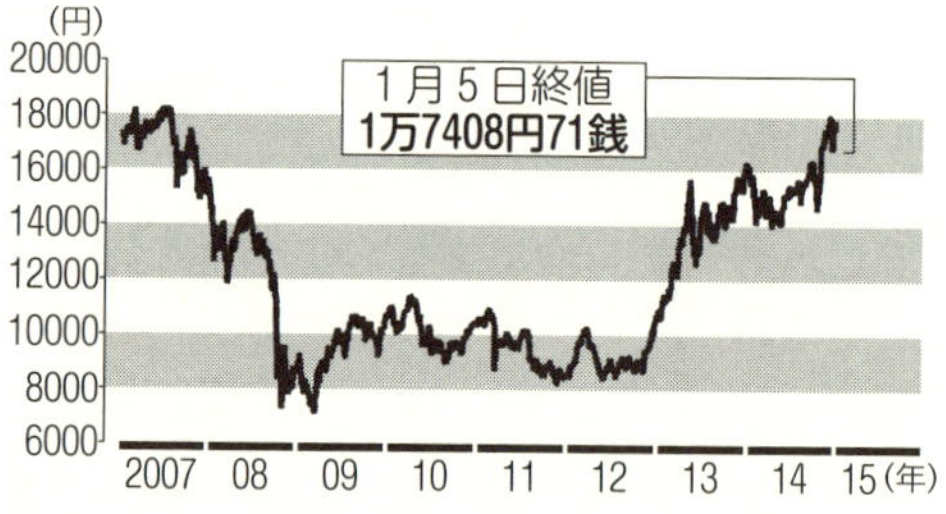

資料：「東京」2015年1月6日

図表13　正規・非正規労働者数の推移

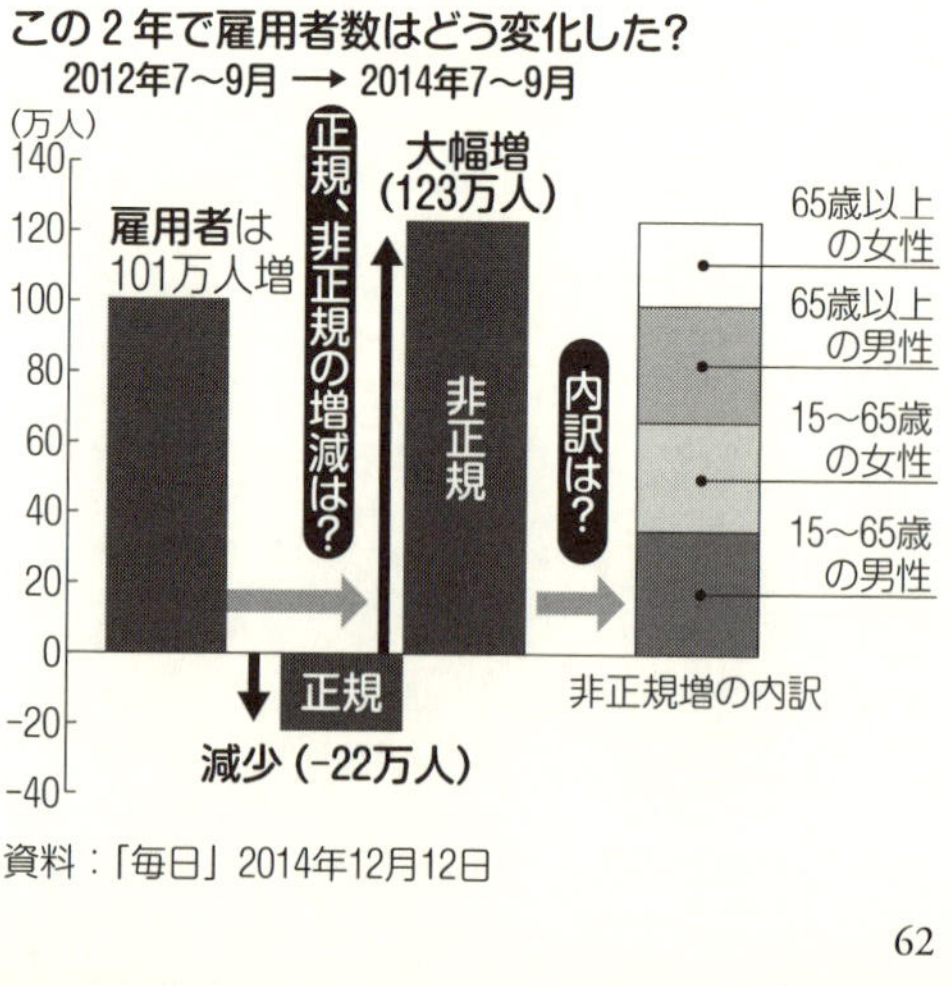

資料：「毎日」2014年12月12日

先行きに不安を感じているのは安倍首相も同様でしょう。しかも、消費増税の悪影響が思いのほか大きく、14年の関連倒産も13年の2倍になるなど円安は必ずしも日本経済にプラスにはならず、かえって物価高を招いて消費不況を強めてしまうことも明らかになりました。

今後もアベノミクスによって景気が回復して好循環が始まる可能性は低いと見たからこそ、安倍首相は「今のうち解散」に打って出たわけです。それにもかかわらず、1年半後の消費税10％への再引き上げを確約してしまいました。いずれそのツケがやってくるのではないかという心配は、これからも安倍首相の頭を悩ませ続けることでしょう。

貧困化の進展

日本社会における貧困化と格差の拡大が注目されるようになったのは、小泉構造改革の時でした。とりわけ、非正規労働者の増大によってこのような現象が目立つようになり、ワーキングプア（働く貧困層）という言葉が登場したのもこのころです。その後、リーマンショックの影響もあって職と住居を失った人々を救済するための「年越し派遣村」が日比谷公園に開設されるなどということもありました。

このような問題は、その後解消されたのでしょうか。アベノミクスはデフレ不況からの脱却を目指し、貧困の解決を課題としていたはずですが、実際には逆に貧困の増大と格差の拡大をいっそう進行させる形になっています。

13年に民間企業で働いた労働者のうち年収200万円以下のワーキングプアは1100万人を超え、1119万9000人になりました。第二次安倍政権発足後1年で30万人も増えています。このうち年収100万円以下の労働者は421万5000人です。この後、非正規雇用を拡大する政策を実行すれば貧困はますます拡大するでしょう。なかでも深刻なのは、子ども、女性、高齢者における貧困

の深まりです。（図表14参照）

第一に、子どもの貧困です。国が発表している「子どもの相対的貧困率」は年々悪化し、12年の子どもの貧困率（17歳以下）は16・3％で、6人に1人と過去最悪です。およそ300万人が「貧困ライン」（1人世帯122万円未満）以下で暮らしています。経済協力開発機構（ＯＥＣＤ）加盟34ヵ国中ワースト10の深刻さです。なかでも、ひとり親家庭世帯の相対的貧困率は54・6％で、2人に1人の割合でした。

このような子どもの貧困は母子家庭の増加が背景の一つになっています。厚労省調査（11年）によると、その数は123万8000世帯で平均年収は291万円でした。母子家庭で働いている母親の約52％が派遣やパートなどの非正規雇用です。ひとり親世帯の相対的貧困率は54・6％で、就労していない場合には50・4％なのに、就労すれば50・9％と増えてしまう逆転現象が生じ、就労による改善はマイナス0・5とＯＥＣＤ諸国の中で日本だけが悪化しています。（図表15参照）

経済的な事情で学ぶ機会が失われ、大人になっても貧困から抜け出せない「貧困の連鎖」が生じています。その結果、貧困の世襲と固定化によって将来に希望の持てない無気力で自暴自棄な若者を生む土壌が広がりました。これは日本の社会のあり方や将来にとって深刻な問題を提起しています。

第二に、女性の貧困です。働く女性の2人に1人が非正規

図表15　ひとり親世帯の貧困率は就労によってどれだけ改善されたか

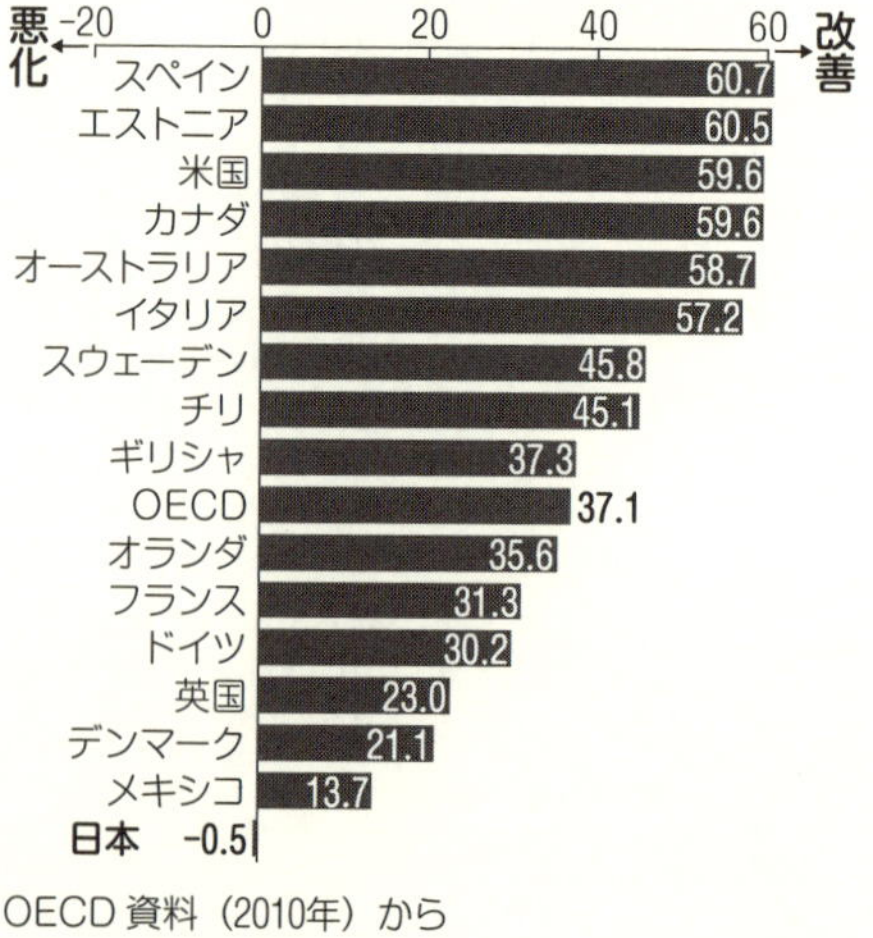

OECD資料（2010年）から
資料：「東京」2014年10月15日

図表14　子どもの貧困率の推移

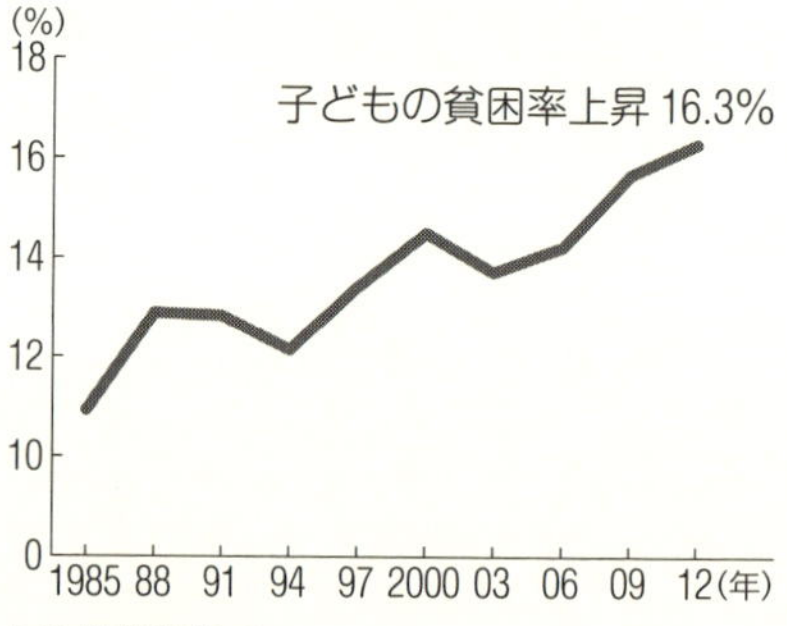

厚生労働省調べ
資料：「朝日」2015年1月6日

雇用で、男性の半分の低賃金という労働環境の悪化が女性の貧困を拡大しています。経済的自立が難しいとされる200万円未満の年収の女性が正規雇用でも20％、パートでは93％にも上ります。

働く世代の単身女性の3分の1が年収114万円未満で、20～64歳の勤労世代の単身（離別、死別）女性の3人に1人、65歳以上の単身女性の2人に1人が貧困状態にあるといわれています。なかでも10～20代が貧しく、深刻な状況に陥っている女性は「貧困女子」と呼ばれ、それよりも貧しく家族・地域・社会保障制度との縁を絶たれ、風俗産業などで日銭を稼ぐしかない女性は「最貧困女子」というのだそうです（鈴木大介『最貧困女子』幻冬舎新書、2014年）。

また、前述のように、女性の貧困は子どもの貧困の背景となっており、母子家庭の母親の就業率は80・6％ですが、就労による（稼働）所得は179万円しかありません。働いても貧困なワーキングプアそのもので、厚労省の調査では84・7％が生活の困窮を訴えています。このような世帯で育った子ども、なかでも女性は成人しても貧困状態に陥ることが多く、さらなる「貧困の連鎖」を生む悪循環が起きています。

第三に、高齢者です。65歳以上の高齢者は3000万人にのぼり、その生活を支えているのは年金です。しかし、年金支給水準の低さや無年金、医療や介護負担の重荷などもあって年金だけでは生活できない高齢者が増えており、高齢者世帯は年収200万円以下が37・8％、年収100万円未満の世帯も12・8％にのぼっています（2013年「国民生活基礎調査」）。

国民年金だけを受給している人の平均額は月4・9万円、女性の厚生年金の平均受給額は月11万円です。特に深刻なのが600万人を超えようとする独り暮らしの高齢者で、その半数が生活保護水準以下の年金収入しかありません。生活保護を受けているのは70万人ほどで、残り200万人余りは生活保護を受けずに暮らしています。

12年4月から改正高齢者雇用安定法が施行されましたから、希望すれば65歳まで働けます。しかし、健康上の理由などで働くことが難しい人も多く、年金などで収入が得られなければ生活保護に頼らざるを得ません。一人暮らしで生活保護に頼らなければならないお年寄りの数は、10年前のおよそ2倍、54万人に増えています。

しかし、日本の生活保護制度は捕捉率が極めて低く18％程度しかありません。このために、老後漂流、老後破綻、老後破産などといわれるような高齢者の貧困問題が深刻化しているのが現状です。

格差の拡大

このようななかで、格差が拡大してきました。アベノミクスの結果、株を持つものと持たないもの、大企業と中小企業、輸出依存型企業と内需依存型企業、富裕層や大企業の多い首都圏と地方などとの間での格差が増大しています。地方の創生が重要な課題とされるようになってきたのは、このような格差拡大の結果でもあります。

所得や資産の格差を図る指数としてはジニ係数※があります。この数値が大きいほど格差が大きいことになりますが、日本のジニ係数は１９８１年以降、一貫して増え続けてきました。（図表16参照）

厚労省によれば、93年には最も所得の高い層の世帯が日本全体の所得の35・7％を得ていましたが、11年には43・9％に上昇しています。12年と13年の年収を

図表16　当初所得＊1・再分配所得＊2のジニ係数の変化（世帯あたり）

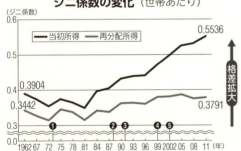

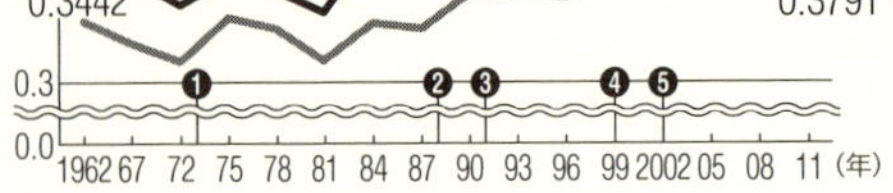

❶1973年　第１次石油危機
❷ 88年ごろ　バブル経済拡大
❸ 91年ごろ　バブル崩壊
❹ 99年　労働者派遣法改悪
❺2001年～　小泉内閣（～06年)。構造改革を行う

＊1　雇用者所得や事業所得、財産所得など
＊2　当初所得から税金、社会保険料などを控除し、社会保障給付（年金、医療、その他）などを加えたもの

厚生労働省「所得再分配調査」から
資料：「東京」2014年12月21日

※ジニ係数
所得分配の不平等度を示す指標。「ジニ」はこの係数を考え出したイタリアの統計学者の名前。
ある国で所得が完全に均等に分配されている場合はジニ係数が０となり、１に近づくほど不平等度が高くなる。

比べれば、１０００万円以上が１７２万人から１８６万人に14万人増えたのに対し、年収２００万円以下も１０９０万人から１１２０万人へと30万人も増え、預貯金のない世帯は26・０％から30・４％へと４・４ポイント増でした。住民税が非課税となる低所得世帯は２４００万人になっています。中間層が減り、富の集中と低所得層の増加が生じたわけです。（図表17参照）

14年の年末、渋谷区は宮下公園など区立公園３カ所を12月26日から15年１月３日まで閉鎖し、ホームレスを締め出しました。公園内での炊き出しや宿泊などをできなくするためです。他方、15年１月下旬に西新宿で販売予定の60階建て超高層マンションの富士山が見える高層階の部屋は３億５０００万円台だそうです。一方は住むところもなく、他方は３億５０００万円以上のマンションを買うというわけです。（図表18参照）

安倍首相の「アホノミクス」は、このような形で日本社会を格差社会へと変貌させてしまいました。これによって、富裕層や大企業が豊かになれば「おこぼれ」で日本全体の景気も良くなるだろうというトリクルダウン理論は、明白な事実によって否定されたことになります。

企業の内部留保は増え続け、資本金10億円以上の大企業が保有する内部留保は前年度からのわずか１年で13兆円積み増し、過去最高の２８５兆円に達しています（全労連・労働運動総合研究所〔労働総

図表17　３割を超える金融資産ゼロ世帯

(%)

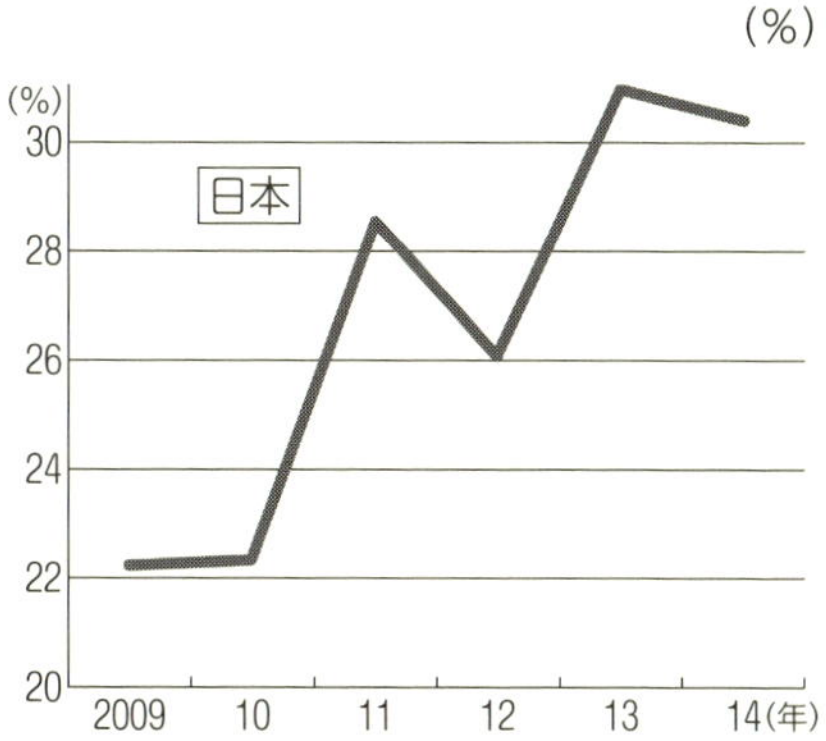

「家計の金融行動に関する世論調査」（金融広報中央委員会）から

資料：「赤旗」（日曜版）2015年１月４日

図表18　急増する日本の富裕層（万人）

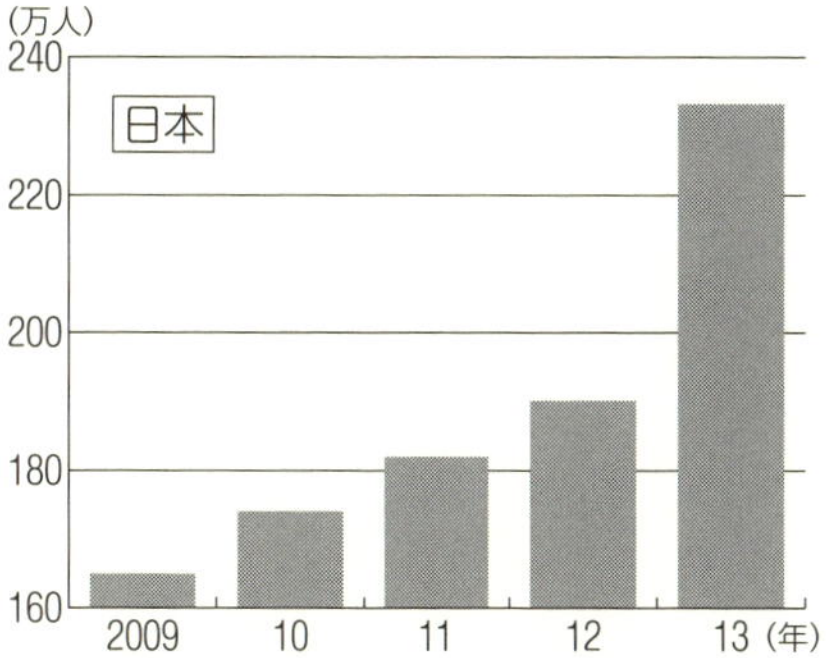

100万ドル（約1.2億円）以上の投資可能資産を持つ個人富裕層の人数。ロイヤル・バンク・オブ・カナダ等の調査から

資料：「赤旗」（日曜版）2015年１月４日

研」調べ）。これを含めた企業全体の内部留保は３２８兆円にも達しています。（図表19参照）

また、大企業の役員報酬額では14年3月期の決算でトップになったのはキョウデンの橋本浩最高顧問の約13億円でした。12年にトップだった日産のカルロス・ゴーン社長は順位を落としましたが、それでも5番目で10億円弱です。

キョウデンはプリント基板を製造するメーカーで83年に橋本さんによって設立された会社です。報酬額のほとんどは退職慰労金ですが、この橋本さんを含めて10億円以上は４人、１億円以上の報酬を得ている会社役員は３６１人もいます。

ＯＥＣＤはこのほど発表した報告書「格差と成長」で「所得格差が拡大すると経済成長は低下する」ことを明らかにしました。日本についても、格差拡大のために過去20年間で経済成長率は５・６％押し下げられたと指摘し、所得格差是正の政策に力を入れるよう呼びかけています。

また、貧困の撲滅に取り組む国際ＮＧＯ・オックスファムは、貧富の格差がこのまま広がれば世界の人口の１％にあたる富裕層が16年までに世界の富の半分以上を握る可能性があると指摘し、速やかに対策を取るべきだと訴えています。

話題のトマ・ピケティ『21世紀の資本』も資本主義が発展すると所得と富の不平等が拡大し、それを防ぐにはグローバルな累進課税しかないと説いています。「私は、もっともよい方法は日本でも欧州でも民間資産への累進課税だと思います」（『朝日新聞』２０１５年1月1日付）と……。

図表19　大企業の内部留保額と民間平均賃金の推移

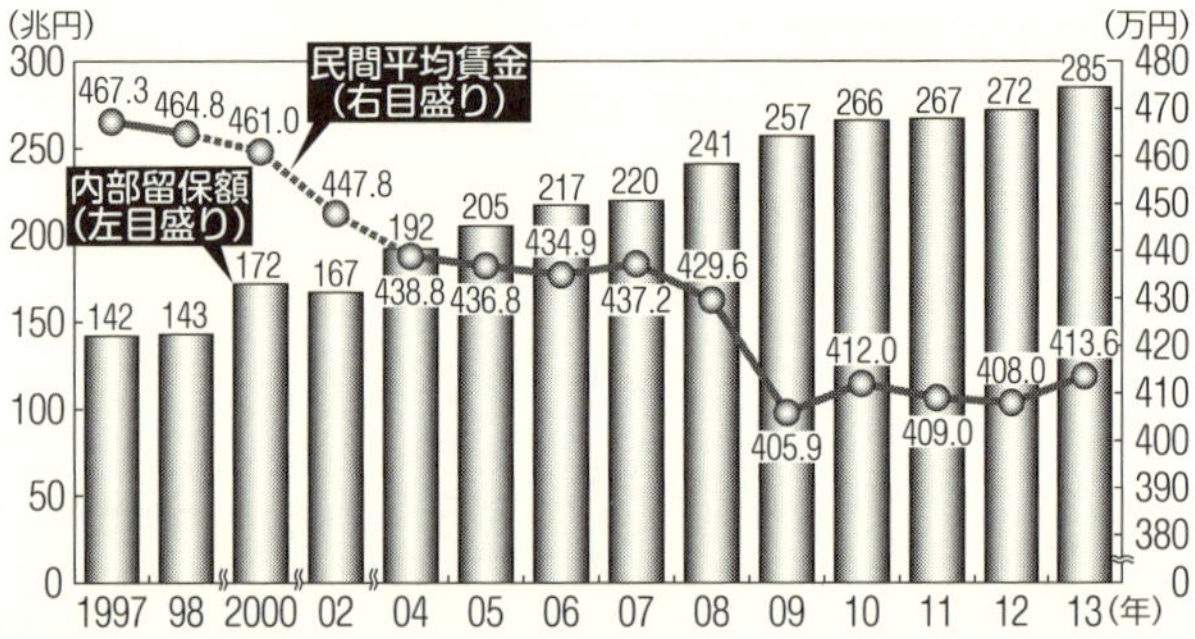

(内部留保額は年度、民間平均賃金は年)

内部留保額は『2015年国民春闘白書』、民間平均賃金は国税庁「民間給与実態統計調査」から

資料：「赤旗」2014年12月29日

格差是正のための再分配政策こそ必要なもので、それが経済成長をもたらすというわけです。まさにこれこそが、アベノミクスに根本的に欠けている視点だと言わなければなりません。

(2) 若者の困難と意識状況

青年が抱えている困難

ワーキングプアが増大するなかで、若者の生活の窮乏化も進行しました。厚労省が15歳から34歳までを対象に実施している「若年者雇用実態調査」の13年調査によると、全労働者に占める若年労働者の割合は28・6%、うち若年正社員18・3%、正社員以外10・3%となっています。主な収入源については、「自分自身の収入」が62・9%で「親の収入」が24・9%、男性では「自分自身の収入」78・9%、女性では「自分自身の収入」46・1%でした。

正社員以外では「自分自身の収入」が40・9%で「親の収入」が40・3%となっており、非正規雇用で働く人たちの半分以上が自分だけの収入では生活できない現状が示されています。また、正規労働者では週50時間以上の長時間労働をしている人は全体の22・5%で、時間外労働が月80時間の「過労死ライン」を超えている人も7・2%に上りました。非正規労働者が低い賃金に悩む一方、正規雇用だと長時間労働に苦しむという構図が浮き彫りになっています。

このようななかで、いつまでも「親の収入」を当てにできず、未来が見えてこないという窮迫した状況に追いやられる若者も増えています。若者の自殺が増加し、内閣府の『自殺対策白書』(14年版)は、「我が国における若い世代の自殺は深刻な状況にある。年代別の死因順位をみると、15~39歳の各年代の死因の第1位は自殺となっており、男女別にみると、男性では15~44歳という、学生や社会人として社会を牽引する世代において死因順位の第1位が自殺となっており、女性でも15~34歳の若い世代で死因の第1位が自殺となっている」と指摘しています。

しかも、「こうした状況は国際的にみても深刻であり、15～34歳の若い世代で死因の第1位が自殺となっているのは、先進国では日本のみであり、その死亡率も他の国に比べて高いものとなっている」と注意を促しています。前年の13年版『自殺対策白書』は20歳代の自殺の原因・動機は「就職失敗」「進路に関する悩み」など、いずれも就職の問題に関連していると指摘していました。この傾向はその後も変わっていないように見えます。

たとえ就職がうまくいって正規職についても、過酷な労働環境が待ち受けている場合が多いのも問題です。非正規労働者の増加によって労働市場が買い手市場になり、正規労働者も「代わりならいくらでもいる」と言われて長時間労働やノルマ達成を強いられるからです。目標に届かなければパワーハラスメントにさらされたり、「自発的退職」を強要されたりすることになります。（図表20参照）

最近、マスコミでも取り上げられ、社会問題化しているブラック企業はその典型的な例です。新興産業などで残業代込の賃金表示によって若者を大量に採用し、私生活が崩れてしまうような超長時間労働、過重労働や違法労働によって使いつぶし、次々と離職に追い込んで「使い捨てる」企業が増えてきました。

厚労省の調査では、このような「使い捨て」が疑われるブラック企業は5111社、うち何らかの労働基準法違反がある企業は4189社にも上っています。このような職場で働いている人は、友人や先輩などと相談し

図表20　ブラック企業についての主な相談窓口

<table>
<tr><td colspan="4">厚生労働省　「労働条件相談ほっとライン」　0120-811-610（はい！ろうどう）
（ブラック企業対策）　平日17～22時　土日10～17時（水曜休）</td></tr>
<tr><td colspan="4">各地域の労働基準監督署（厚生労働省労働基準局監督課　03-3595-3202）</td></tr>
<tr><td colspan="4">ブラック企業被害対策弁護団　http://black-taisaku-bengodan.jp</td></tr>
<tr><td>名　称</td><td>電話番号</td><td>FAX 番号</td><td>住　　所</td></tr>
<tr><td>日本労働弁護団（弁護士団体）</td><td>03-3251-5363</td><td>03-3258-6790</td><td>東京都千代田区神田駿河台3-2-11 連合会館４階</td></tr>
<tr><td>自由法曹団（弁護士団体）</td><td>03-5227-8255</td><td>03-5227-8257</td><td>東京都文京区関口1-8-6 メゾン文京関口Ⅱ 202号</td></tr>
<tr><td>全労連（全国労働組合総連合）</td><td>03-5842-5611</td><td>03-5842-5620</td><td>東京都文京区湯島2-4-4</td></tr>
<tr><td>全労連　労働相談ホットライン</td><td colspan="3">090-378-060
0120-378-060　フリーダイヤル（電話をかけた県内の相談室に直通）</td></tr>
</table>

たり、労働組合など専門の相談窓口に連絡を取ったりすることをお勧めします。

学生生活の厳しさ

学生の場合も、状況の厳しさに変わりはありません。高校入学から大学卒業までかかる費用は１人平均１０００万円超ともいわれ、学費負担の軽減と就学援助は急務です。国立大学の年間授業料は40年前の約15倍にもなりました。

このため、奨学金という名の「借金」に頼らざるを得ない家庭が増え続けています。日本学生支援機構によると、昼間の４年制大学に通う学生のうち奨学金を受けている割合は12年度に52・５％に達し、10年前より20ポイント以上も増加しました。そのうち、約９割が貸与型です。

特に深刻になっているのは、この貸与された奨学金の返済義務の負担です。返済滞納者は１９４万人で、延滞３か月以上になるとブラックリストに登録され、ローンを借りたりすることができなくなります。

全国大学院生協議会の調査では、大学院生の４割以上が奨学金を借り、その４分の１近い利用者の借入金総額は５００万円以上だといいます。利用者の75％が返済に不安を抱え、事実上の「借金」として重荷になっています。奨学金は返済義務のある貸与ではなく、返済する必要のない給付とするべきです。

若者を「使いつぶす」ブラック企業のような違法・無法な働かせ方は学生アルバイトにも広がりました。学生への仕送り額が20年前には10万２２４０円だったのが13年には７万２２８０円へと落ち込み、学生の５人に１人が生活費のためにアルバイトをしなければならないという現状が、その背景にあります。

これはブラックバイトと呼ばれているものですが、「学費と生活費を稼ぐために、ひどい労働条件のアルバイトでもやめられない」「テスト期間にもシフトを入れられ学業に支障が出ている」など、総じて休みづらい、辞めづらい、賃金の請求をしづらいというような特徴があります。勉学を支えるためのアルバイトによって学業が妨げられるというのでは、本末転倒と言うしかありません。

若者の意識状況の多様性

困難を抱える若者が増えてくるなかで、その意識状況にも大きな変化が表れています。この点で注意しなければならないことは、若者は多様化していて、その意識は一様ではないということです。意識の上での幅の広さが今日の特徴であり、それを一つの傾向でとらえようとすると無理が生じます。部分をもって全体を論ずる誤りを犯してはなりません。

一方には、民族主義的な偏見や憎悪感情を高め、排外主義に凝り固まってヘイトスピーチやヘイトデモに参加する若者がおり、「ネトウヨ」と言われるようなインターネットを通じて右翼的な言辞を拡散する若者もいます。他方には、東日本大震災での復旧・復興支援のボランティア活動に汗を流す若者もいれば、脱原発や再稼働反対を掲げて毎週金曜日に官邸前デモや集会に参加している若者も少なくありません。学生による特定秘密保護法反対のデモや集団的自衛権行使容認に反対する若者憲法集会も開かれました。

これらの若者は、いずれも現状を肯定しているわけではありません。どちらも現状に対する不満の表出と異議申し立てなのです。在日特権を許さない市民の会（在特会）※やヘイトデモへの参加も現状へのプロテストを示すもので、それは排外主義という回路に不満のはけ口を求めた人々だと言えます。

※44ページ参照

現状への不満を抱き、何とかそれを打開したいという意欲があるものの、それをどのように実行したらよいのか分からないのです。そのために、ときには架空のストライキ騒動を引き起こすこともあります。深刻な人手不足を招いていた「すき家」で、現役のアルバイトがツイッターなどでストライキを呼びかけて話題となったのはその一例でしょう。

『子ども・若者白書』２０１４年版は、日本、韓国、米国、英国、ドイツ、フランス、スウェーデンの計7ヵ国で13～29歳を対象に実施したインターネット調査の結果を掲載しています。これによれば、「自国人であることに誇りを持っている」と答えた人は、日本が70％と米国、スウェーデン、英国に次いで高く、「自国のために役立つと思うようなことをしたい」は55％でトップでした。

他方で、「自分自身に満足している」（62％）、「うまくいくかわからないことにも意欲的に取り組む」（52％）、「自分の将来に明るい希望を持っている」という回答は46％で最下位です。また、「社会をよりよくするため、社会における問題に関与したい」（44％）、「私の参加により、変えてほしい社会現象が少し変えられるかもしれない」（30％）という項目でも、すべて日本が最下位でした。これらの調査結果からは、日本の若者の不満と鬱屈した意識をうかがい知ることができるように思われます。

「無敵の人」の登場が意味するもの

日本の若者の不満や異議申し立ての背後にあるのは、報われない現状への怒りや疎外感、将来への絶望です。このことを端的に示しているのが「無敵の人」の登場だといえるでしょう。「無敵の人」とは、貧しく何も持たず、人間関係や社会的地位などでも失うものがなく、犯罪に走ることに抵抗感のない人々のことです。古くは秋葉原無差別殺傷事件、新しくはＡＫＢ48の握手会傷害事件で注目されました。

秋葉原無差別殺傷事件は08年6月に秋葉原で発生した通り魔事件で、7人が死亡し10人が負傷しています。当時25歳の元自動車工場の派遣社員が犯人でした。もう一つのＡＫＢ48の握手会傷害事件は14年5月に岩手産業文化センター（アピオ）で発生した傷害事件で、24歳の男が鋸を取り出して切り付け、メンバー2人とスタッフ1人が負傷しました。

どちらも相手を特定しない殺傷事件で、「死刑になりたかった」と動機を語っている点で共通しています。「死刑になりたい」という動機での犯行は、このほかにも08年3月のＪＲ荒川沖駅無差別殺人事件や12年6月の大阪・ミナミ通り魔殺人事件などがあります。

これらの犯人は不満があっても、それをどこに向けたらよいのかが分かりません。問題を抱えていても、それをどう解決できるのかも分からないのです。孤独で将来への展望が見えず、自暴自棄となってこの世からの退出を望んで犯行に及んでいます。

このような若者は今後も増えていく可能性があります。それは日本社会の質的な崩壊をもたらす深刻な要因の一つとなるでしょう。社会からの退出を望むまでに強まるかもしれない若者の怒りと絶望を、どのようにすくい取って解決へと導くことができるのでしょうか。このことが、いま私たちに試されているように思われます。

青年や学生など若者の困難を解決する方策を、政治が正しく示すことが必要です。困難からの解決策を示すことができなければ、この社会はさらに壊れていくことでしょう。「無敵の人」の登場が意味しているのは、日本社会が内部崩壊の危機に瀕しているということであり、そのような危機に対応するためにも政治が変わらなければならないということなのです。

(3) 社会保障の前途

「社会保障改革」という名の攻撃

現代日本には命を守るための「二つの盾」があります。それは憲法9条と憲法25条です。守るべきは平和と福祉、命と健康であり、9条と25条の理念を政治と生活に具体化することによって、初めてそれは可能になります。とりわけ25条の具合化は福祉、医療、介護分野における「活憲」の課題になっています。

憲法25条を制定させたのは社会党の森戸辰男衆院議員で、これは憲法審議の過程で挿入された唯一の条項でした。その1項は権利規定で「すべて国民は、健康で文化的な最低限度の生活を営む権利を有する」となっており、2項は義務規定で「国は、すべての生活部面について、社会福祉、社会保障及び公衆衛生の向上及び増進に努めなければならない」と書かれています。つまり、「国民は、……権利を有する」のであり、「国は、……努めなければならない」のです。

朝日訴訟や堀木訴訟では、これは国の責務として宣言したにとどまり、直接個々の国民に具体的権利を賦与したものではないとされました。しかし同時に、裁量権の著しい逸脱など一定の場合に裁判の基準となることを認めています。「社会福祉、社会保障及び公衆衛生の向上及び増進」は、単なるお題目ではないということです。

しかも、現代の日本社会において、社会保障は国民にとって生活基礎を支える最も大切なものになっています。年金、医療、介護、生活保護等で構成される社会保障制度は、国民の生涯設計における重要なセーフティネットなのです。これへの信頼なしには国民の安心も生活の安定もありません。それなのに、安倍政権はそれを根底から掘り崩そうとしています。

民主・自民・公明の「3党合意」によって進められてきた「社会保障と税の一体改革」は、消費税率を引き上げる一方、「社会保障改革」と称して、年金、医療、介護などあらゆる分野で国民に負担増・給付削減を押しつける「一体改悪」の計画でした。安倍政権の社会保障改革も、基本的にこれを踏襲しています。

もともと、日本の社会保障はヨーロッパ諸国など他の先進国に比べて低水準でした。そこに、小泉内閣以来の「構造改革」路線が襲いかかり、医療崩壊、介護難民、年金空洞化、保育所待機児童の急増など、社会保障の基盤そのものが大きく崩されてきました。これを打開し、社会保障を削減から拡充へと転換することが急務となっています。

社会保障の拡充には、さし当り、年金の削減ではなく給付の底上げと「信頼できる年金」への転換、医療費の窓口負担の引き下げ、国保料（税）の軽減、診療報酬の増額と医師・看護師の増員などによる「医療崩壊」の打開、特別養護老人ホームの待機者の解消、保険料・利用料の負担軽減と安心して利用できる介護制度への転換、保育所の待機児ゼロの実現、雇用保険の拡充、生活保護の排除と切り捨ての中止などが必要です。（図表21参照）

しかし、それとは逆に安倍政権は社会保障への全面攻撃を始めました。生活保護費は家賃にあたる住宅扶助と暖房費にあたる冬季加算を15年度から引き下げようとしています。年金でも、物価・賃金の伸びに応じた支給額の引き上げを抑制する「マクロ経済スライド」を15年度から発動し、0・5％減額する姿勢です。

介護でも、事業所に支払う介護報酬を15年度から2・27％引き下げる方針が決まりました。9年ぶりの減額で、事業者の受給額が減って経営が困難になり、介護スタッフを集めにくくなるだけでなく、介護システムそのものが崩壊してしまうのではないかと心配されています。

図表21　2015年度予算案による社会保障の主な負担増・給付減

医療	70歳から窓口負担を１割から２割に
	75歳以上の保険料「特例軽減」廃止
	入院食事の自己負担を引き上げ
	市町村国保を都道府県による運営に
介護	介護報酬の2.27%引き下げ
	利用料を１割から２割に（一定所得以上）
	「特養」相部屋でも部屋代徴収
年金	「マクロ経済スライド」発動で実質削減
	「マクロ」改悪で物価下落以上に削減
	生活扶助、住宅扶助、冬季加算の削減

資料：「赤旗」2015年１月24日

命と暮らしの危機

「この報告書を受けて考えるべきこと。それは私たちの命を守り、私たちの平和な暮らしを守るため、私たちは何をなすべきかということであります」。14年5月15日に安保法制懇の報告書を受けて、安倍首相はこのように述べました。しかし、「国民の命と暮らし」は戦時においてだけではなく、現に生活している平時においても守られなければなりません。そのために全力を尽くすことこそ、政治家としてのあるべき姿ではないでしょうか。

集団的自衛権の行使容認について、口を開けば安倍首相は「国民の命と暮らし」を守るためだと強調します。しかし、現に今、その安倍首相によって「国民の命と暮らし」が危機に瀕している現状を直視する必要があるでしょう。

安倍政権の下で、医療・介護の分野でも新自由主義による攻撃が強まってきました。国会や審議会などでの議論ではコストの削減、自助・共助・公助の分担論による公的責任の放棄という形での理念の転換が試みられています。その結果、「医療崩壊」「介護難民」が深刻になってきています。

第一に、医療・介護総合法の成立があります。社会保障の基本にかかわる19本の法案を一括審議でごり押ししてしまいました。年金収入２８０万円以上の高齢者の負担を１割から２割に引き上げ、要支援１・２の訪問・通所介護を国の保険給付対象から除外して市町村に丸投げし、特別養護老人ホームの入所基準を「要介護３」以上に限定しています。都道府県主導で病床の再編・削減を推進し、病院が従わない場合には制裁措置をとる制度も導入されました。いずれも利用者の負担増と医療・介護サービスの低下という方向を示しています。

第二に、健康医療戦略推進法と独立行政法人日本医療研究開発機構法の成立があります。研究開発・助成の予算配分を行うというもので、実用化・応用を重視しています。その反面、基礎的研究分野が弱体化されることは明らかです。これは大学など高等教育・研究が目指している方向と共通するものです。

第三に、成長戦略でも、医療分野に対する規制緩和が進められようとしています。薬のネット販売の解禁がその中心的な課題ですが、安全よりも利益を重視していることは明らかです。これがネットでの事業展開を行っている楽天の三木谷浩史会長兼社長による産業競争力会議での主張によるものであるということも注目されます。
「混合診療」を患者側からの申請に基づいて容認する方針も示されました。命の沙汰も金次第というわけです。このような緩和が進められれば医療格差は拡大し、国内未承認薬などの使用が認められ、国民皆保険制度の空洞化をもたらすことになるでしょう。企業のもうけのためにではなく国民の命と健康を守るための医療・介護を維持することによって、命の危機を救わなければなりません。

しかし、人口が減り、高齢化が進行して高齢者福祉のための費用が自然に増加するのが現状であり、財政赤字も深刻化して財源が不足しています。消費税の10％への再増税が先送りとなって財源が足りないから、社会保障にまでお金を回せないというわけです。それなのに、大企業にだけは減税という恩恵を施そうというのですから、滅茶苦茶じゃありませんか。（図表22参照）

財源をどうするのか

社会保障にカネがかかるのは当然です。そのための財源は、大型公共事業、原発予算、防衛費などのムダづかいをやめることと合わせて、富裕層・大企業優遇の不公平税制をただすことで確保しなければなりません。新たに「富裕税」や「為替投機課税」などの導入も考えるべきでしょう。所得税の累進課税の強化など、「能力に応じた負担」（応能負担）の原則にたった税制改革が必要です。

今日の日本において税制改革は避けられません。税のあり方は大きく歪んでしまいましたから、それを是正することが必要です。その際、増税に反対だというわけではありません。財政赤字は放置で

図表22　人口は減り、高齢化率が高まる

総務省と国立社会保障・人口問題研究所の調査や推計から

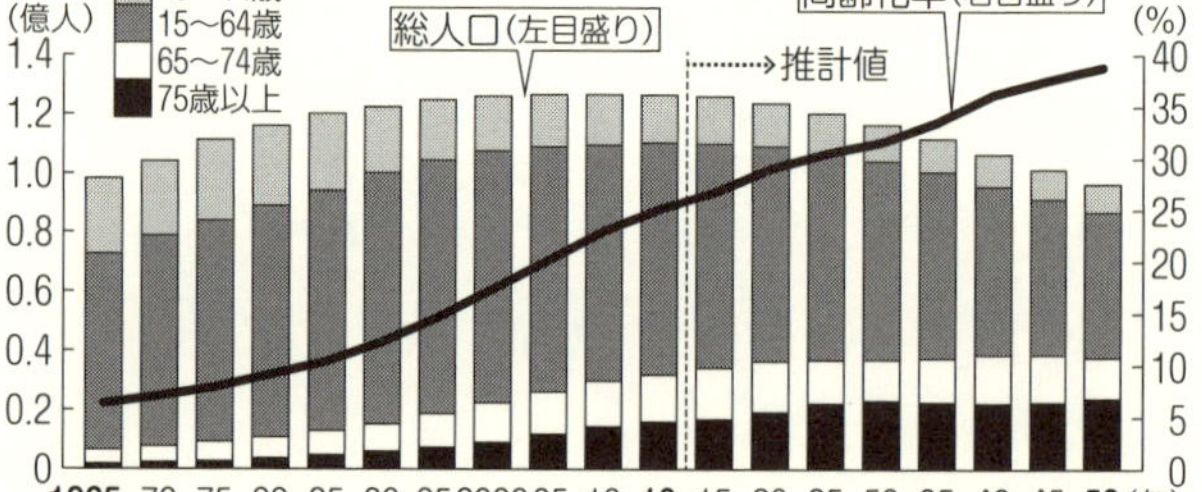

資料：「朝日」2014年12月4日

きず、将来への借金を減らすためには増税が不可避です。

しかし、税は政治の手段ですから、ただ単に税収が増えればよいというわけにはいきません。どのような理念や目的のもとに、どこから取るのか、その影響や効果はどうなのかということも考える必要があります。その影響や効果が、貧困の増大や格差の拡大を解決するうえで役に立つのかということも、同時に考えなければなりません。

問題はどこから取るのか、ということです。そう問われれば、「お金のあるところから取るべきだ」と答えるしかないでしょう。「そのお金はどこにあるのか」といえば、「大企業や資産家のところにある」ということになります。「それが貧困の増大や格差の拡大を解決するために役立つのか」と問われれば、「その通り」と答えることができます。貧困層に再分配したり減税したりすれば、貧困や格差の解消に大いに役立つにちがいありません。

江戸時代の昔、鼠小僧次郎吉は富める者から金品を盗み出し、貧しい者にばらまいたといいます。盗むことは間違いですが、富を豊かなものから貧しい者に再分配しようとする志は見習うべきです。

政治権力があれば、盗む必要はありません。合法的に、富者から貧者へと再分配できます。それこそが、政治と行政の役割ではありませんか。今の日本に必要なのは、富める者から貧しい者へと富を再分配する「鼠小僧税制」なのです。新自由主義の下で強まった逆累進性を反転させ、貧困と格差の拡大を押しとどめ、公平で平等な社会を実現するための税制改革こそが求められているのです。

このような税制の一つが、投機目的の国際通貨取引に対して課税を強化するトービン税（ロビンフッド税）です。国内の株売買などの金融取引にも課税を強め、所得税の累進課税の強化、資産家への贈与税の増税、旧物品税のような贅沢品への課税強化、大企業への減税の取りやめと各種優遇税制の廃止、内部留保への課税などの税制改革と組み合わせれば、巨額な税収増を図ることができます。

これを低所得者や中小企業の支援と減税に回せば内需を拡大することができ、社会保障財政の財源確保や財政再建に差し向けることもできるでしょう。可処分所得を増やし、外需依存ではなく内需の拡大を図って景気を良くすることこそ、税収増に結びつき、経済と社会を立て直し、国家財政の破綻を防ぐ最善の道ではないでしょうか。「鼠小僧税制」は、そのための重要な手段となります。

ところが、15年度の税制「改正」大綱は、大企業優遇政治のきわみとしかいいようのないものです。法人税の実効税率の引き下げ幅を、15年度は2・51％、16年度はさらに引き下げて合計3・29％をめざし、中堅・中小企業に対しては外形標準課税の拡大や赤字法人への課税を行おうとしています。しかも、減税額が増税額を上回る「減税先行」で、消費税再増税で穴埋めすることを狙ったものです。

法人税は長期にわたって税率が下げられてきました。大企業ほど負担が軽くなる租税特別措置や研究開発などを名目にした政策減税もあります。実際の税負担は見かけよりはるかに低くなっています。

しかも、赤字決算にすれば税金を納める必要がなく、法人税は中小企業を中心に7割超の企業が納めていません。バブル後の不良債権処理で欠損金がふくらんだ大手銀行も、多額の利益を計上しながら長年にわたって法人税を納めませんでした。トヨタ自動車は繰越欠損税制や連結納税制度などを利用して、09年から13年までの5年間、法人税を払っていなかったのです。

また、税制「改正」大綱はＮＩＳＡ（小額投資非課税制度）の拡充や贈与税の非課税枠の新設・拡充なども打ち出しています。しかし、その恩恵があるのは「投資」したり「贈与」したりする富を持つ富裕層だけです。かえって富の集中や富裕層の固定化を進める逆転した税制だと言うべきでしょう。鼠小僧も、草葉の陰であきれ返っているにちがいありません。

第3章　生活をめぐる対決

第4章　労働をめぐる対決

（1）新自由主義と働く者の困難

市場原理主義とトリクルダウン理論

新自由主義とは、個人の自由や市場原理を再評価し、政府による介入は最低限にすべきだという考え方です。日本では、80年代の中曽根政権時代から始まり、小泉政権による構造改革路線で全盛期を迎えました。

新自由主義といえば、市場原理主義、トリクルダウン（おこぼれ）理論、民営化、自己責任、規制緩和などの言葉が思い浮かびます。これらは経済に対する政府の関与を薄め、公的分野の比重を低めて民間の活力に全てをゆだねるべきだという考え方を背景にしています。

このような考え方に基づいて、中曽根康弘政権では国鉄の分割・民営化などが進められ、小泉純一郎政権では郵政の民営化や労働の規制緩和などが実行されました。その結果はどうだったでしょうか。働く人々を軽視する企業本位の市場原理主義によって、日本の経済と社会は深く蝕ばまれてしまったのではないでしょうか。

市場原理主義とは、市場に対する政府や自治体などの公的な関与を減らして民間企業の自由な活動にゆだねた方が経済はうまくいくという考え方です。経済活動を規制するルールなどはできるだけなくして民間の企業活動を活性化することをめざしました。

また、トリクルダウン理論とは、企業が利益をあげればめぐりめぐって労働者にもそのおこぼれが「滴り落ちる」（トリクルダウン）という考え方です。労働者の所得は、企業収益が拡大すれば自然に増えるはずだというわけです。

しかし、現実はどうだったでしょうか。02年から07年まで日本経済は戦後最長の持続的な経済成長を実現し、「いざなぎ超え（いざなみ）景気」と言われました。この間、大企業は史上最高の収益を更新し続けましたが、その利益は労働者に行き渡らず、企業の内部留保が激増したにもかかわらず労働者の収入は減少しました。

働く人々の可処分所得が減ったために内需は弱く、過剰流動性を高めた金融資金はサブプライムローンなどのアメリカの住宅投資に向かい、リーマンショックの遠因を生み出しました。その結果がどのようなものであったかは、ご存知の通りです。市場原理主義とトリクルダウン理論は、現実によって裏切られました。

市場が正常に機能するためには一定のルールが必要ですから、それは当然です。最も端的な例は独占禁止法と公正取引委員会の存在ですが、それ以外にも公正で自由な競争を保障するための様々なルールがあります。そのようなルールがなければ市場は弱肉強食の世界となり、強者にとって一方的に有利になってしまいます。

市場原理主義とトリクルダウン理論に基づく新自由主義的な経済政策は、実体経済に基づかない「カジノ資本主義」としての市場の病理を拡大する結果になりました。政府の関与を減らし、民間の市場活動を自由にして放任した結果、ブレーキを失った車のように市場が暴走を始めて大きな事故を起こしたのが世界的な金融危機でした。今また、安倍政権が打ち出したアベノミクスの下で、同じような過ちが繰り返されようとしています。

民営化は成功したのか

新自由主義的改革の成功例とされるのが、旧国鉄の分割・民営化でした。これによって「赤字体質」が是正され、サービスが向上し、利便性も高まったとされています。首都圏などでのＪＲの利用者からすれば、そのような主張は受け入れやすいものでしょう。

しかし、それは地方を犠牲にし、赤字路線の廃止と第三セクター化によって可能となったものでした。いわば国鉄が抱えていた問題を、一方では切り捨て、他方では地方に押しつけることによって、強引に「解決」してしまったと言って良いでしょう。

その結果は、地方における公共交通機関の衰退であり、住民の利便性の大きな低下でした。同時に、経営効率と収益の向上を何よりも優先する経営姿勢をもたらし、安全性を軽視するという根本的な欠陥を生み出すことになりました。

こうして発生したのが05年4月のＪＲ西日本の福知山線での通勤電車の脱線・転覆事故です。乗客と運転士合わせて１０７人が死亡するという悲劇は、私鉄各社との競争に勝つことを意識するあまり、スピードアップや運転本数の増加など目先のサービスや利益を優先して安全対策が後手に回ったためだとみられています。

事故やトラブルが続いたＪＲ北海道についても、赤字回避を最優先して安全対策を軽視する経営体質が指摘されました。同時に、分割・民営化とＪＲの発足に際して国労の組合員を狙い撃ちして再雇用を拒んだために世代構成の歪みが生じ、労働組合間の分裂と対立が激化して職場の荒廃と不正常な労使関係が生み出されたという事情もありました。

また、小泉構造改革の「目玉」とされた郵政民営化にしても、各地で集配局が削減され、郵便局の窓口では混雑時に別担当の職員が窓口を手伝うというような柔軟な対応ができなくなりました。簡易郵便局の閉鎖も相次ぎ、非正規労働者が増えてベテランの配達員がいなくなったためにさまざまなトラブルも発生しています。

さらに、9人が亡くなった13年12月の中央自動車道笹子トンネル事故も、その背景には日本道路公団の分割・民営化による効率優先、安全軽視の姿勢がありました。この事故も、効率や収益の増大が優先され、安全の管理や点検などが手薄になったツケが回ってきたものだと言って良いでしょう。

自己責任論と規制緩和の果て

新自由主義の「哲学」であった自己責任論と規制緩和についてはどうでしょうか。前者は社会保障改革に、後者は労働の規制緩和や雇用改革に大きな影響を及ぼしました。

社会保障では自助や家族などの責任が強調され、政府や自治体などの公的責任を回避する動きが続いています。13年秋の臨時国会では、生活保護申請を厳格化する改正生活保護法や負担増と公的サービスの切り下げなどを行う社会保障プログラム法が成立しました。

規制緩和については、タクシー事業の参入緩和によって台数が増えすぎたために再規制を強化したり、規制緩和による格安ツアーバスの急増と過当競争による関越道の死亡事故を契機に再規制の動きが始まったりするなど、一定の見直しがなされています。労働の規制緩和についても、非正規労働者の増大による貧困化や格差の拡大、派遣切りや労働環境の悪化などの問題が生じ、日雇い派遣の制限や非正規労働者保護などの動きがありました。

しかし、アベノミクスにおける3本の矢の一つとして成長戦略が打ち出され、再び雇用改革という名で新自由主義的な規制緩和が進められてきています。雇用のあり方をめぐる規制を緩和すれば「企業が活躍」しやすくなり、経済成長が実現するのではないかとの期待があるからです。

他方では、すでに小泉内閣の時代に構造改革の一環として労働の規制緩和が着手され、労働の劣化を生み出してきたという苦い経験があります。その結果、ワーキングプア、ブラック企業、追い出し部屋やロックアウト解雇、過労死に過労自殺、メンタルヘルス不全などの多くの問題が生じました。

安倍政権は雇用政策の基本を維持から流動化へと転換させるとしていますが、日本の労働者の働き方は、すでにこれまでも十分に流動化し、不安定化しています。これ以上、クビを切りやすくすること、働く人々の不安を高めること、非正規化を進めること、労働時間の管理を緩めることが必要なのでしょうか。

サービス残業は「賃金不払い残業」であり、労働基準法第32条に違反する犯罪です。6ヵ月以下の懲役または30万円以下の罰金が科せられますが、告発されなければ罰せられることはありません。それでも毎年、厚労省の指導で是正措置がなされ、01年以来13年までの是正額は2160億円5598万円に達しています。

このように、新自由主義的構造改革は大きな問題を生み出してきました。それは日本の産業や経済を立て直そうとして、かえってその衰退を導いてしまうというジレンマを抱えています。真の構造改革は、このようなジレンマを生み出す「構造」をこそ、改革するものでなければなりません。働く人々の雇用保障や生活の安定よりも、大企業の利益最優先という政治・経済の強固な仕組みを転換することが必要です。そのためのルールの形成こそが、真の構造改革なのです。

(2) 規制緩和の落とし穴

三つの流れと「雇用改革」

労働の規制緩和は80年代後半から始まり、労働者派遣事業の拡大、職業紹介事業の緩和、労働時間の弾力化という3つの大きな流れを形作ってきました。小泉元首相による構造改革もそのような流れに沿うものでした。

第一の労働者派遣事業の拡大は85年の労働者派遣法の成立から始まります。96年の改正で派遣労働の対象業務は16業務から26業務に拡大され、99年の改正で製造業を除いて派遣対象業務の制限が撤廃されました。

03年には、それまで禁止されていた製造業への派遣労働が解禁され、派遣期間も1年から3年に拡大されます。こうして徐々に派遣労働者の数が増え、アルバイトや臨時職員などを加えた様々な非正規労働者の増大が社会問題であると認識されるようになります。

第二の有料職業紹介事業の規制緩和は97年の職業安定法施行規則改正から始まりました。このとき、有料職業紹介の対象職業が拡大され、99年の職業安定法改正によって原則自由化が実施されます。02年には厚生労働省令が改正され、有料職業紹介の求職者からの手数料徴収が認められるようになり、03年の職業安定法改正によって有料職業紹介の兼業規制も撤廃されます。こうして、民間の人材ビジネスは急速に拡大していきました。

第三の労働時間管理の弾力化の始まりは87年でした。この年の労働基準法改正によって裁量労働制（専門5業務）が新設されてみなし労働時間が適用され、1週間、1ヵ月、3ヵ月単位での変形労働時間制やフレックスタイム制も導入されます。

93年の労働基準法改正で1年単位の変形労働時間制が導入され、97年の改正で深夜・時間外・休日労働における女性保護規定が撤廃されました。また、裁量労働制の対象業務が5業務から11業務に拡大されます。その後も労働基準法は改正され、98年の企画業務型裁量労働制の新設、03年の導入要件の緩和などが続きます。

このような規制緩和の流れは、安倍政権による「雇用改革」でも基本的に変わっていません。経済財政諮問会議の第2回会議に提出された「経済財政諮問会議の今後の検討課題（有識者議員提出資料）」は、「具体的検討事項」として「人材の活用及び人的投資の拡大・育成（特に若者や女性）、ライフサイクルを踏まえた雇用、柔軟性のある労働市場」を提起しました。具体的には、以下のような内容です。

第一に、雇用維持型から労働移動支援型への政策目的の転換です。これについては、「整理解雇を一定の条件にて行うことを可能とする」こと、「有期雇用規制をとりやめる」こと、「正社員終身雇用偏重の雇用政策から多様で柔軟な雇用政策への転換」、「地域や職務を限定した正社員や専門職型の派遣労働者など、『ジョブ型のスキル労働者』を創出すること」などが提案されました。

労働力が「過剰」となっている電機産業などからＩＴビジネスやコンビニなどの流通産業、医療・福祉産業などへの労働力移動を円滑にしようというわけです。これとの関連では、規制改革会議の大田弘子議長代理がパナソニックの社外取締役であったこと、産業競争力会議に楽天の三木谷浩史会長兼社長やローソンの新浪剛史社長が加わっていたことなどが注目されます。

第二に、人材供給ビジネスのチャンスの拡大です。これについては「ハローワーク全体の事業効率を検証するとともに、民間のノウハウ」の「最大限活用」や「求職者支援制度や雇用保険事業などの内容」の「再検証」などが提起されました。外部労働市場の成熟によって、公的職業紹介以外の人材供給業の拡大を図ろうというわけです。

小泉構造改革によって急成長した企業に人材派遣業のパソナという会社があります。経済財政諮問会議の議長としてこれを先導した竹中平蔵元経済財政担当相は、このパソナグループの会長になっています。その竹中さんが産業競争力会議の民間議員として、「規制改革が一丁目一番地で重要」と主張したのは当然でしょう。

第三に、労働時間管理の緩和です。これについては「White Collar Exemption の欧米国並み適用」や裁量労働制の適用拡大などが検討課題になりました。一定の収入以上のホワイトカラー職員を労働時間管理の適用除外にすることは、第一次安倍内閣の時にも提起され、結局は法案提出が断念されました。07年参院選への悪影響を懸念したからです。

13年7月にも参院選がありましたので、この問題は「骨太の方針」に盛り込まれませんでした。しかし、ホワイトカラー・エグゼンプションの導入は使用者側の悲願であり、常に浮かんでは消えてきました。現に、労働政策審議会で法案化が図られ、通常国会に提出されようとしています。

規制をどう考えるか

労働の規制緩和に当たっては、多様な働き方ができるようにするためであって労働者にもメリットがあると説明されてきました。しかし、仮にそうであるなら、なぜ労働者の側から規制を緩和してほしいという要望が出てこないのでしょうか。

労働分野の規制緩和は、これまで一貫して経営側から提案されています。それは、労働者を「使い捨て」にできるようにするためです。実際には労働者にとってメリットがあるわけではなく、雇用は不安定になり、賃金が減少していくことになるでしょう。

労働政策に関する重要事項を審議する労働政策審議会は、労働者を代表する者、使用者を代表する者、公益を代表する者の三者で構成されています。これは国際労働機関（ＩＬＯ）が示している基本的な枠組みで、当事者である労働側にとって不利益な政策が決められないようになっているのです。

しかし、この三者構成原則を無視し、労働側の抵抗を突破するための仕組みが作られました。労働側を排除して経営側の意向を取り入れる形で政策的な大枠を決め、その後に労働政策審議会に降ろすというやり方がとられるようになったからです。

すでに小泉政権時代に、経済財政諮問会議で労働の規制緩和が議論され、「骨太の方針」が出されるようになりました。従来の労働政策審議会や国会での議論をバイパスして諮問会議で大枠を決めてしまったのです。選挙で選ばれた議員や議会を無視し、労働者の代表を除外して労働政策の骨格を決めてしまうこのようなやり方自体、大きな問題を持っています。

このようなやり方で規制が目の敵にされ、その緩和が目指されてきました。しかし、規制それ自体はすべて悪でもなく、すべて善でもありません。必要なくなれば撤廃されたり緩和されたりするのは当然ですが、必要な規制は維持しなければなりませんし、時には新たに作ったり強めたりしなければならないこともあります。

規制の緩和を自己目的化することをやめなければなりません。必要なくなった規制をなくすだけでなく、規制を作り替えたり新たな規制を行ったりすることも重要です。働き過ぎや長時間労働、低収入や健康被害をもたらし、家族の形成や子育てを阻害して少子化社会を生み出している働き方を改めるために、必要な規制が作られるべきことは当然でしょう。

韓国の「セウォル号」沈没事故の原因はいろいろですが、安全運航のために必要な規制がきちんとなされず、行政による管理や監督が十分できていなかったことも大きな原因ではないかと思います。日本でも高速ツアーバスの事故が起きましたが、規制緩和による過当競争がその背景にありました。規制緩和を進めていけば、効率や利益追求一辺倒で安全面が疎かにされることは目に見えています。

少子化という「社会的ストライキ」

新自由主義者が「規制はすべて悪だ」と思い込んでしまっていることが、一番大きな問題です。労働分野の規制緩和は、経営者がやりやすい状況を生み出すかもしれませんが、労働者にとっては厳しい働き方を強いられる形になります。労働条件がさらに悪化し、賃金も下がり、非正規労働者やワーキングプアを増やすことになるでしょう。

労働者に厳しい状況を強いることは、結果的に労働意欲を低めて生産性の低下をもたらします。非正規では技能や経験の継承もできず、長期的に見れば、経営者にとっても決してプラスにはなりません。低賃金の労働者が増えれば、働く人の購買力が低くなり、国内市場は縮小します。「大企業栄えて民滅ぶ」と言われますが、「民が滅んだ」社会で「大企業が栄える」ことはできません。

少子化は、低賃金で苛酷な労働を強いられている若年層の「社会的ストライキ」にほかなりません。賃金が低いために、結婚して家庭を形成し、子どもを産めないのです。（図表23参照）シェアハウスや脱法ハウスが話題を呼びましたが、金銭的に一人で生活できない若年層が増えていることの反映です。

厚労省が14年12月31日に発表した人口動態調査によれば、14年の人口の自然減は26万８０００人に達し、過去最高の減少となりました。人口減は07年から８年連続で、ここ数年は毎年26万人という中規模都市と同じだけの人口が減り続け、15年からは世帯数の減少も始まるとみられています。

婚姻も14年には１万２０００組減って64万９０００組と戦後最少になりました。未婚率は年々高まって晩婚化が進み、25～34歳の結婚適齢期の女性の未婚率は約６割で高止まりしています。厚労省が10年度に行った調査によると、30代男性の非正規労働者の75・６％が未婚で、正規労働者の30・７％と比べて２・５倍もの差があることが分かりました。

規制緩和によって、さらに非正規化が進み低賃金で苛酷な労働を強いるような状況が広まれば、このような少子化問題はもっと深刻化するでしょう。日本という国の人的存立基盤が失われ日本人社会は縮小に向かっていることになります。これこそが本当の危機だと言うべきではないでしょうか。

（３）ブラック企業もブラック社会もノー

派遣労働の拡大をめぐる攻防

労働の規制緩和の中軸をなすのは労働者派遣事業の拡大

図表23　日本の生産年齢人口は18年連続で減少

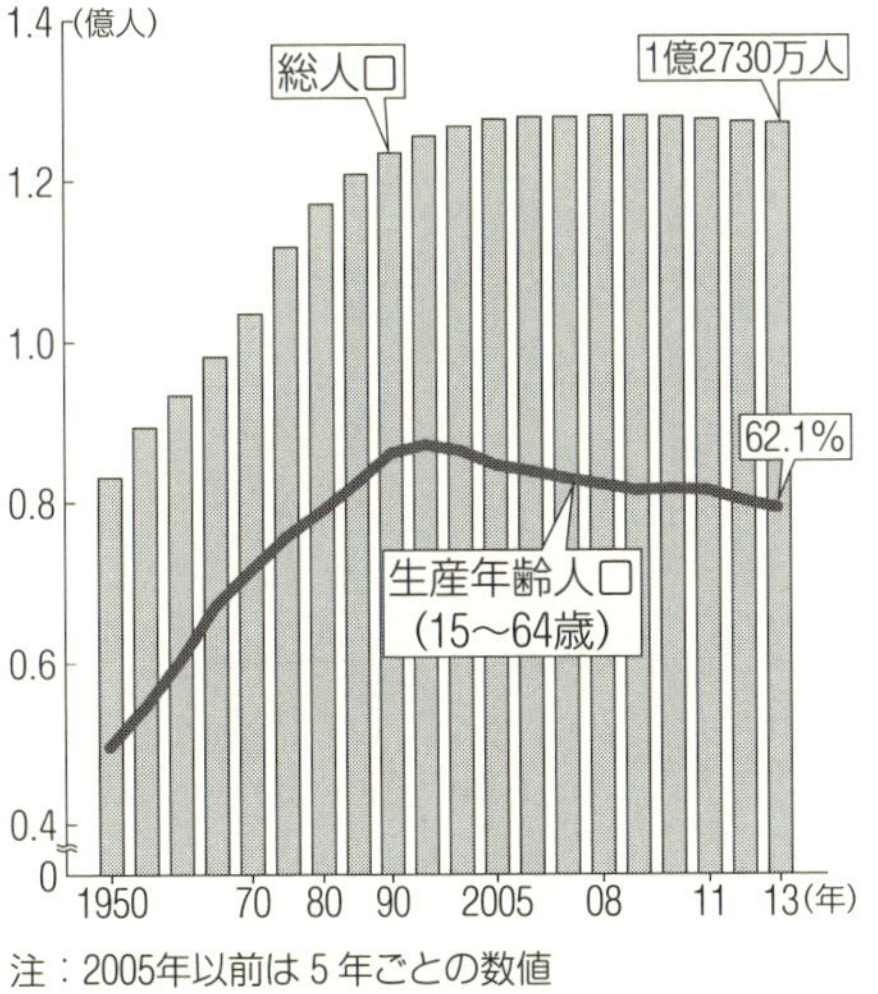

注：2005年以前は５年ごとの数値
資料：「日経」HP、2014年４月15日

です。85年の労働者派遣法の成立以来、その対象領域は広がり続けてきました。いま目指されている労働者派遣法の改定案でも臨時的・一時的な業務に限定するという原則を法案に明記することになりましたが、一生派遣労働に従事する「生涯ハケン」に道を開く危険性があります。

現行法では、企業が同じ業務で派遣を利用できる期間は3年間に制限されています。ところが改正案では、派遣してもらう人を入れ替えれば、企業は3年経っても同じ業務に派遣労働者を使い続けられるようになります。また、派遣労働者は3年経過すれば派遣先企業が直接雇用することになっていましたが、その人の業務内容を変えれば、企業は3年経ってもそのまま派遣労働者として使い続けることができるようになります。

恒常的に仕事があり、その労働者を使い続けるのであれば、派遣ではなく正社員とするのが当然でしょう。にもかかわらず、労働者を入れ替えてその仕事を続け、労働者の方は別の業務で派遣労働者として働き続けることになります。

法案では、「過半数労働組合から意見を聴取した場合には、さらに3年間派遣労働者を受け入れることができる」という条件が付けられていますが、労働組合の意見が歯止めになるとは思えません。経営側の意向に逆らえるような力のある労働組合がどれだけあるでしょうか。

86年に労働者派遣法が施行された当初、派遣できる職種は制限されていました。しかし、99年の法改正であらゆる職種の派遣が原則自由化され、派遣できない職種をネガティブリストで定めるようになりました。そして、小泉政権時代の04年には製造業の派遣も解禁され、派遣労働者の数が急増することになります。「小さく生んで大きく育てる」やり方そのものです。

その後、09年9月に、民主党、社会党、国民新党の連立与党は、派遣法の再規制で合意しました。これに基づいて、10年4月に労働者派遣法改正案が提出されましたが、やがて改正案成立を強く主張していた社民党が連立政権を離脱します。翌11年に民主党は自民党、公明党との間で改正案に合意し、法案を骨抜きにしてしまいました。10年7月の参院選で与野党が逆転し、民主党・国民新党が少数の「ねじれ国会」となったためです。

このように、民主党政権になってから派遣労働の再規制が模索されましたが、すでにそれ以前から労働の規制緩和に対する反省は高まっていました。私は06年が一つの転換点だったと見ています。

06年9月に第一次安倍内閣が発足し、12月には「労働市場改革専門調査会」の会長に八代尚宏国際基督教大学教授が就き、「労働ビックバン」を一気に進めようとしました。しかし、労働の規制緩和推進派が進めようとしたホワイトカラー・エグゼンプションは「残業代ゼロ法案」と批判され、これが転換の始まりとなります。

このとき、自民党内や厚労省での抵抗が始まっていたのです。06年末には、自民党内に雇用・生活調査会が誕生していました。この調査会に関して後藤田正純議員は、「これまで、労働法制は規制緩和の一点張りだったが、これからは党が責任を持って、規律ある労働市場の創設を働きかけていく」と語っています。

一方、厚労省には07年2月に「雇用労働政策の基軸・方向性に関する研究会」が設置され、8月には「『上質な市場社会』に向けて」と題した報告書を発表します。副題に書かれていた通り、この報告書は雇用労働政策における「多様性」以上に、「公正」と「安定」が重視されていました。労働分野で問題が生じた場合、その対応に追われるのは厚労省ですから、労働の規制緩和に慎重な態度をとらざるを得なかったのです。

このように、労働者派遣法を含む労働の規制緩和には、一時的に揺れ戻しがありました。しかし、民主党政権が倒れて第二次安倍政権が成立したため、その動きは逆転することになります。こうして規制緩和の再起動が始まりました。

一時的で不十分であったとはいえ、規制緩和に対する反省や労働者派遣法の再規制の動きがあったことを忘れてはなりません。この経験は、きちんと問題点を指摘し、世論を高めて反対運動を盛り上げ、政治を変えることができれば、規制緩和の攻撃を押し返すことも不可能ではないということを教えているからです。

労働時間規制の解除と雇用の流動化

安倍政権による「雇用改革」は、これだけではありません。そのもう一つの焦点は、労働時間をめぐるものです。産業競争力会議は、労働時間の管理を労働者にゆだね、企業は原則として時間管理を行わない「裁量労働制」の対象労働者を増やすように提案しているからです。また、「残業代ゼロ」などの「新たな労働時間制度」の導入に向けて、15年の通常国会に法案が提出されようとしています。

労働基準法では1日の労働時間を原則8時間として残業や休日・深夜の労働には企業が割増賃金を払うことを義務づけています。しかし、上級管理職や研究者などの一部専門職に限って労働時間にかかわらず賃金を一定にし、残業代を払わないことが認められています。

こうした「残業代ゼロ」社員の対象を広げようとするのがホワイトカラー・エグゼンプションと言われる制度です。高収入の社員や労働組合との合意で認められた社員に対象を広げ、残業代を払わなくても済むようにしたいというわけです。(図表24、25参照)

厚労省は15年1月16日、労働政策審議会に労働時間法制の改悪をめざす骨子案を提案しました。これは「残業代ゼロ」となる新制度の対象者を年収1075万円以上で高い職業能力を持つ人を対象とし、裁量労働制の提案型営業職への拡大やフレックスタイム制の見直しなども打ち出しています。同時に、働きすぎを防ぐため、会社にいる時間を制限する措置なども設けるとし、企業に対して従業員の年休取得を義務づけることなども導入するとしています。

その後、「残業代ゼロ」で労働時間の歯止めがなくなるなどの批判があったため、この働き方を適用する対象者の年収を「平均給与額の3倍を相当程度上回る」と法律に定め、対象者の拡大を防ぐとしています。また、深夜労働についても、働きすぎを防ぐために回数を省令で制限する方針だそうです。そうまでして、なぜこのような法律を制定する必要があるのでしょうか。法律を定めなければ、労働時間の歯止めがなくなったり働きすぎになったりしないでしょうに。

　このほか、安倍政権は「雇用改革」によって安定雇用ではなく、雇用の流動化を促そうとしています。これについても竹中さんが旗振り役を演じ、13年3月の産業競争力会議で解雇の金銭解決制度について早急に議論を煮詰めていくことが必要だと主張しつつ「今は、雇用調整助成金と労働移動への助成金の予算額が1000：5くらいだが、これを一気に逆転するようなイメージでやっていただけると信じている」と圧力をかけました。

　この発言を受け、安倍政権は14年度から雇用調整助成金を1175億円から545億円に減らし、労働移動支援助成金を、なんと2億円から一気に300億円に増やしたのです。そのお金は竹中さんが会長をやっているパソナなどに流れ込んだというわけです。

　産業構造が大きく変わりつつあるのは事実です。労働者が必要な技能を習得して成長産業に移ることができるように助成制度が機能すればいいのですが、そうなるとは限りません。本人が希望していないのに企業から追いだすために

図表24　年平均労働時間の各国比較

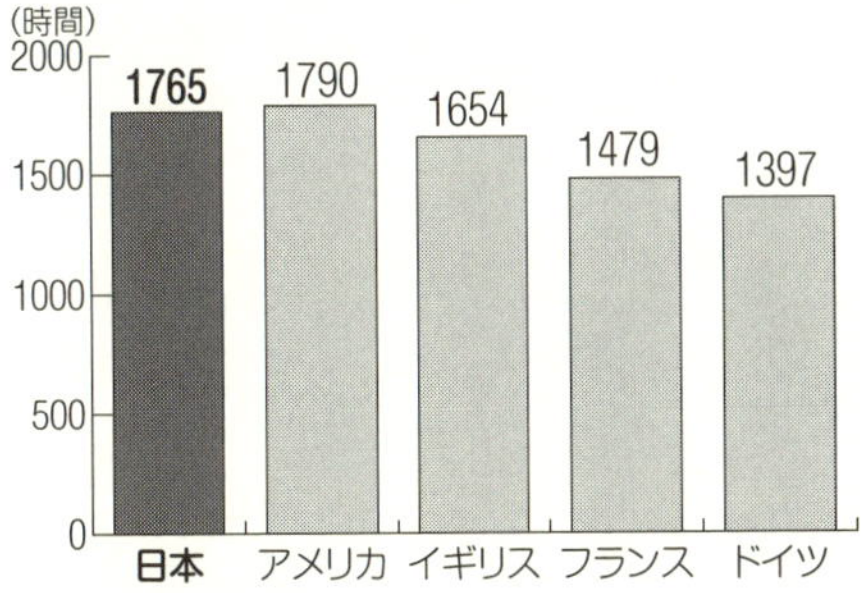

2012年、厚労省調べ
資料：「赤旗」2015年1月19日

図表25　厚生労働省骨子案が提案した主な改悪の内容

高度プロフェッショナル労働制（適用除外制度）の創設	「高度専門知識」「時間と成果の関連性が強くない」業務で、1日8時間労働、残業代支払いなどの労働時間規制を適用しない。年収は1075万円以上
裁量労働制の見直し	企画業務型の対象業務を拡大、手続きを簡素化
フレックスタイム制の見直し	清算期間を1カ月から3カ月に延長。残業代支払いを抑制し、長時間労働を助長する

資料：「赤旗」2015年1月19日

利用されることもあります。

企業によっては社員の追い出し部屋を人材ビジネス会社に丸投げし、業務は自分の再就職先を探すことだとしてリストラを進めているところもあります。そこに助成金が使われるようでは、労働者のプラスにはなりません。首切りさえ、新たなビジネス・チャンスとして利用されるだけなのです。

規制緩和はどのような問題を引き起こすか

安倍政権による労働の規制緩和が全面的に発動された場合、日本の産業と経済、社会にはどのような問題が引き起こされるのでしょうか。すでに実施されてきた小泉構造改革以降の労働の規制緩和が生み出してきた問題も参考にしつつ、これらについて検討してみることにしましょう。

第一に、不安定・劣悪就労の拡大です。「生涯ハケン」など非正規労働者の拡大、正規労働者に対する置き換え、正社員保護の限定化が進むにちがいありません。解雇規制が緩和されれば、働く人々の地位は極めて不安定になります。「限定正社員」は期限が明示されない有期雇用ですから、事業所・職場の閉鎖や職務の終了によって雇い止めが容易になることは間違いありません。

第二に、職場の荒廃と労働組合の弱体化です。解雇の金銭解決が導入されれば、クビをきられて裁判で勝っても元の職場には戻れません。労働組合の役員などを狙い撃ちにして解雇し、金銭補償で追い出すことが容易になるでしょう。経営者の職場支配力はさらに強まり、今でも弱体な労働組合の活動はいっそう困難になっていきます。

第三に、労働法の骨抜きとブラック企業の合法化です。労働法はあってなきがごとくとなり、法的な規制力は急速に弱まっていきます。容易に解雇できれば自己都合退職に追い込む「追い出し部屋」は必要なくなります。ホワイトカラー・エグゼンプションが導入され「残業代ゼロ」とすることは、ブラック企業で批判されている残業代込み給与の合法化を意味します。「サービス残業」は当たり前とな

って違法ではなくなります。（図表26参照）

第四に、過労死や過労自殺とメンタルヘルス不全の深刻化です。労働時間規制はいまでも不十分で、「三六協定」などの抜け穴もあって長時間労働は深刻化しています。労働者の健康被害とメンタルヘルス不全は拡大し、経団連の調査でも8割を超える企業がパフォーマンスに影響していると回答していました。必要なのは長時間・過重労働を是正し、過労を防ぐことです。

第五に、技能継承の困難と技術力の低下による国際競争力の弱まりです。成果主義評価に基づく給与の支払いは労働者間競争を激化させ、お互いに仕事を教えあうようなことはなくなっています。非正規労働者の増大は現場の技術力を低下させ労災の増加を招きました。「生涯ハケン」となって3年で業務を転々とすれば、経験が蓄積されず労働力の質が低下することは明らかです。

図表26　監督指導による賃金不払残業の是正結果（割増賃金の支払い額の推移）

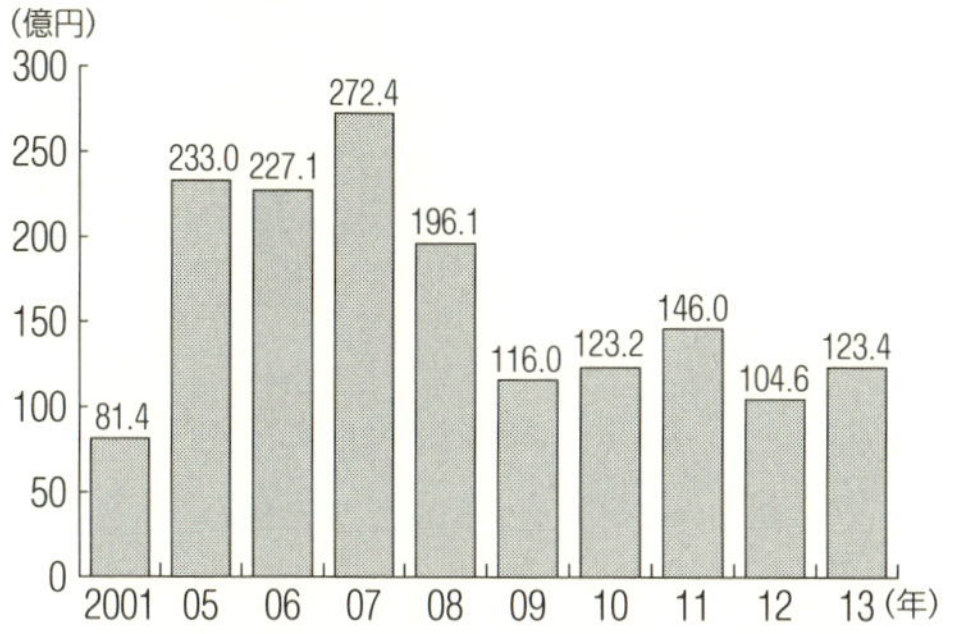

注：各年度4月から3月までの1年間に、全国の労働基準監督署における定期監督、申告監督によって合計100万円以上の割増賃金の是正支払いがなされたもの。
資料：厚生労働省発表

第六に、少子化や消費不況などの社会問題の拡大です。家庭の形成・維持の困難と少子化の進展によって労働力の再生産が阻害され社会は縮小します。結婚できない、家庭を持てない、子どもを育てられない、2人目は無理という現状こそが少子化の背景なのです。「限定正社員」になればワーク・ライフ・バランスが可能になるという意見もありますが、正社員でも無限定に働かされるべきではありません。

第七に、消費不況が継続し、経済の停滞から抜け出すことはますます難しくなるでしょう。労働者は同時に消費者であり、その収入が低下した結果としての消費不況の深刻化なのです。一方での実質賃金の低下による収入の減少、他方での増税や社会保険料などの引き上げによる支出の増大は可処分所得の減少をもたらしました。将来や老後への不安による支出の抑制、貯金への依存も高まっています。これらの問題の解決なしに景気の回復はありえません。

どのような労働・社会政策を目指すべきか

自民党の中にも規制緩和推進派と慎重派の二つの立場があります。しかし、慎重派は安倍首相に押し切られ、党内で大きな声を上げられません。厚労省も産業競争力会議などで規制緩和推進派から強い圧力をかけられ、押し切られています。

自民党内の慎重派や厚労省が抵抗できるように、世論を喚起していくしかありません。06年に潮目が変わった背景にも、マスコミや論壇の変化がありました。すでに、05年2月にNHK総合テレビが「フリーター漂流」を、翌06年7月には、NHKスペシャルで「ワーキングプア」の第一弾が放映されました。9月には『週刊東洋経済』が「日本版ワーキングプア」という特集を組みました。こうしたワーキングプアや格差社会を懸念する世論の高まりを背景に、06年頃から転換が開始されたのです。

マスコミの援護射撃とともに、労働者の側が抵抗運動を盛り上げていく必要があります。運動と世論の力を背景に政党や議員、厚労省の官僚などに働きかけ、一方的に経営者に有利となる労働者派遣法改正案の成立を阻まなければなりません。少なくとも法案の修正や付帯事項をつけて、少しでもましな法律にするよう運動を展開するべきです。

アメリカは徹底した新自由主義で、規制緩和の最先端をいっています。それを模範にして日本ももっと規制緩和を進めるべきだと新自由主義者は唱えています。しかし、1%の超富裕層によって国民の99%が支配されるような超格差社会になり、アメリカ社会が崩れていっていることに注目する必要があるでしょう。

このような「沈みゆく大国アメリカ」（堤未果『沈みゆく大国アメリカ』岩波新書、2014年）を手本にしてはなりません。アメリカと違い、ヨーロッパ諸国は強い労働運動を背景に規制を維持し、経済危機を乗り切っています。ドイツもそうですし、北欧などもそうした路線を貫いています。日本は、そうしたヨーロッパ諸国に学び、人間らしい労働（ディーセントワーク）によって持続できる社会を目指すべきなのです。

このようなヨーロッパの経験に学び、労働政策と福祉政策との結合という方向を目指すことが必要です。というのは、日本でも福祉政策によって下支えされなければ生活を維持できないような働き方になってきているからです。

働く人にとっての最大の問題は、住居・出産・育児・教育・医療・介護・年金などの必要経費を誰がどう保障するのかということです。これまでは終身雇用と年功序列型賃金が基本的にはこれらを負担してきました。ライフサイクルに対応した賃金の上昇によって福祉政策が代替されてきたのです。

しかし、成果・業績型賃金ではライフサイクルに対応した必要経費を賄うことは難しくなっています。年功型ではない非正規労働者の賃金も同様です。年齢に対応しないフラットな賃金と社会保障の貧困とが結びつけば、ワーキングプアと未婚者の増大がもたらされることは避けられません。

このような賃金形態の変容によって、セーフティネットの担い手が企業から行政・社会へと移行しつつあります。そのために、このような変容に対応可能な新たな福祉国家・福祉社会を展望する社会保障基本法の制定が急務となっています。それは労働運動にとっても獲得目標とされるべき切実な課題になっているのです。

第5章　政治変革の展望

（1）安倍政権が直面するジレンマ

共同の広がりや世論の変化

安倍首相は「戦争する国」づくりをめざしています。しかし、それが順調に進んでいるかというと必ずしもそうではありません。そのことによって様々な矛盾や軋轢、反発が生まれています。

なかでも、アメリカとの関係は微妙です。アメリカは集団的自衛権の行使容認を歓迎していますが、一抹の危惧と不安を抱いています。とくに、今後の「戦争する国」に向けた具体的な措置の一つ一つが中国への挑発にならないかと心配しているようです。

そもそも、安倍首相は「右翼の軍国主義者」であり、この点で米国民主党のリベラル派であるオバマ大統領とは話が合いません。オバマ大統領は安倍首相が帝国主義的自立を考えているのではないか、戦後の国際秩序をひっくり返そうとしているのではないかと懸念しています。勝手に中国との緊張を激化させ、戦争を始めてから助けを求められても困るというのがオバマ大統領の本音ではないでしょうか。

集団的自衛権行使容認の閣議決定に向けての与党協議では、公明党の抵抗がありました。支持組織の創価学会はいまだに納得していない面があります。与党の「弱い環」は公明党で、ここが集団的自衛権行使容認の法制化においても弱点になる可能性があります。

自民党ＯＢによる安倍政権に対する批判や官僚ＯＢの反感と異論も特徴的です。自分たちが育ててきた保守政党としての自民党が、極右勢力である「安倍一族」に乗っ取られてしまったことに、ようやく気が付いてきたのかもしれません。

このようななかで、注目すべき共同の広がりや世論の変化が生まれてきました。私はこれを「反響の法則」と言っています。太鼓を強く打てば打つほど大きな音が出るということです。ボールを地面に強く叩きつければ叩きつけるほど高く跳ね上がります。国民の世論はそういう形で大きく響き、跳ね上がってきているのではないでしょうか。

攻撃が強まれば、それに対する反発や抵抗も強くなります。これが、「反響」のひとつです。しかし、それだけではありません。攻撃の危険性や問題点を訴えれば世論も応えるようになってきています。打てば響く世論の変化が、もう一つの「反響」です。安倍首相の暴走は、このような形で国民の中に反発や抵抗を呼び起こし、反対世論の形成を促してきました。

たとえば、デモと集会の復権があります。これは反原発運動や秘密保護法反対運動、反ヘイトデモなどでも顕著です。こうした集会やデモが頻繁になされているということだけでなく、最近ではマスコミなどでも報道されるようになりました。テレビのニュースなどで日比谷野外音楽堂での集会が大きく伝えられることも一度や二度ではありません。

このようななかで、国会内の多数勢力と世論とのかい離も拡大してきました。14年総選挙で自民党を支持したのは有権者の24・5％（小選挙区）にすぎず、安倍政権下での衆院選や参院選の絶対得票率（対有権者比での得票割合）ではどれも4～6分の1以下です。有権者の多数が自民党を支持しているわけではありません。

個別政策での民意とのかい離も大きなものがあります。毎日新聞が15年1月に行った世論調査では、憲法改正について国民の理解は深まっていると思わない人が76％で、集団的自衛権の行使に反対が50

％、村山談話を引き継ぐべきだという人も50％、川内原発の再稼動に反対は54％になっています。安倍政権が進めようとしている主要課題について過半数以上が反対だと言っているのが現状です。

山積する難問とジレンマ

総選挙が投開票された翌日の『産経新聞』14年12月15日付に「衆院選は自民党が勝利を収めたが、安倍には忸怩たる思いが残る」とし、「衆院選は自公で3分の2超の議席を得たが、憲法改正は遠のいた。任期4年で改憲勢力をどう立て直すのか。勝利とは裏腹に安倍の表情は終始険しかった」という記事が掲載されていました。なぜ安倍首相の「表情は終始険しかった」のでしょうか。

それは憲法をめぐる国会内の勢力分野が大きく変わってしまったからです。総選挙では、次世代の党の壊滅、維新の党の不振、みんなの党の消滅という形で「第三極」が存在感を大きく低下させ、「いざという時の第三極頼み」という戦術が取りにくくなりました。

改憲発議については衆参両院で3分の2を確保しなければなりませんが、参院での3分の2は16年の参院選で躍進しても自民党だけでは無理です。公明党が頼りにならない場合、「第三極」を当てにせざるを得ません。次世代の党が大きな援軍でしたが、その代わりに期待されているのが維新の党です。

安倍首相は15年1月14日の関西テレビの番組で、憲法について「変えていくのは自然なことだ。私たちの手で憲法を書いていくのが新しい時代を切り開くことにつながる」と述べ、「維新が憲法改正に積極的に取り組んでいることに敬意を表したい。維新や他党にも賛成してもらえれば、ありがたい」と語りました。

公明党が議席を増やしたのも「痛しかゆし」です。今後の安保法制や日米ガイドラインの改定などで「限定」する方向で抵抗する可能性があるからです。憲法についても公明党は9条を変える「改憲」ではなく、プライバシー権などの新たな条項を追加する「加憲」の立場です。「改憲勢力をどう立て直すのか」ということで、安倍首相が頭を悩ませていたのも当然でしょう。

これ以外にも、安倍首相はいくつもの難題に直面しジレンマを抱えることになります。そのうちの一つは、沖縄の新基地建設をめぐるジレンマです。辺野古での新基地の建設に反対だという民意は今回の総選挙でもはっきりと示されました。名護市長選挙、名護市議選挙、沖縄県知事選挙、そして今回の総選挙と、14年に入ってからの全ての選挙で基地反対派が勝利したという事実には極めて重いものがあります。

それにもかかわらず、安倍政権は新基地建設を強行しようとしており、政府と沖縄との対立はさらに強まると予想されます。その時、アメリカ政府はどう対応するでしょうか。辺野古での新基地建設は無理だとあきらめるようなことになれば、安倍政権は窮地に陥るでしょう。その可能性は皆無ではありません。

もう一つは、TPP（環太平洋経済連携協定）への参加をめぐるジレンマです。米中間選挙での共和党の勝利によってオバマ政権は今まで以上に強い態度で出てくる可能性があります。かといって、この段階での交渉離脱は政権危機を招き、交渉が妥結したとすれば日本が屈服したことを意味します。例外なしでの関税撤廃やISDS条項の導入など日本の国内市場の全面的な開放がなされ、農業を始め、商業、建設、医療、保険、金融などの分野は壊滅的な打撃を受けることになります。

地方創生を言いながら、地方の壊滅に向けての扉を開くことになるでしょう。さらに困難を増やすような政策展開は中央政府に抗して故郷を守ろうとする「保守」勢力との矛盾や対立を強め、自民党という政党の命取りになる可能性さえ生み出すことでしょう。

三つめのジレンマは原発の再稼働や輸出をめぐるものです。福島第1原発の事故は未だ原因も不明で事故は収束していず、放射能漏れを遮断する凍土壁は失敗で、放射能漏れ自体もこれまで発表されていた以上の量に上ります。脱原発を求める世論は多数です。このようななかでの再稼働や輸出の強

行は世論との激突を招くことでしょう。（図表27参照）

　エネルギーを原発に頼る政策への復帰は、再生可能エネルギーの軽視と買い入れの停止などと結びつきます。太陽光発電などの再生可能エネルギーを新しいビジネス・チャンスととらえて取り組んで来た企業や自治体などの反発は大きく、再生可能エネルギーをテコとした循環型経済による地域の活性化を目指してきた動きも封じられます。荒廃した農地や林業、畜産業の副産物を活用した発電など、エネルギー兼業によって農業を再生させる芽を摘むことにもなるでしょう。

図表27　原発輸出の計画

トルコ	シノップ原発計画で日本がトルコ政府、企業連合の間で商業契約合意
ベトナム	ニントゥアン省の原発は日本を建設パートナーに選定
UAE（アラブ首長国連邦）	日本企業が５基目以降の計画の受注目指す
リトアニア	ビサギナスに130万キロワット級１基計画、日立が正式契約に向け交渉中
ブルガリア	東芝がブルガリア・エナジーとの間で戦略的投資合意締結
ポーランド	計130万キロワットの計画、GE日立、東芝などが関心示す
フィンランド	同国電力会社計画では、東芝、三菱重工、GE日立などが競合
アメリカ	17件が建設運転一括許可申請、東芝、三菱重工各１件、４件はGE日立
イギリス	日立は計画中の電力会社を買収、東芝は別の電力会社の60%の株式取得

経済産業省資料から作成
資料：「赤旗」2014年12月28日

　さらに、四つめのジレンマは労働の規制緩和についてのものです。通常国会に「生涯ハケン」の労働者派遣法改正案やホワイトカラー・エグゼンプションの新版である「残業代ゼロ」のための労働基準法改正案が出される予定です。これによって派遣労働が拡大され、労働時間が長くなれば、非正規雇用の拡大、雇用の劣化、過労死・過労自殺やメンタルヘルス不全が蔓延します。

　当然、女性の社会進出はさらに困難となり、デフレ不況からの脱却は不可能になるでしょう。「この道しかない」と言って「成長戦略を力強く前に進め」た結果、自滅への道に分け入ってしまうことになり、これこそ最大のジレンマだと言わなければなりません。

安倍「大惨事」内閣の「逆走」

第二次安倍政権の第三次内閣が発足しました。国民にとっては、さらなる暴走によって大事故を引き起こす可能性の高い「大惨事」内閣の出発を意味しています。この内閣は衆院での3分の2以上の与党勢力を持ち、「国民の信任」を得たと言い張って、さらなる「暴走」に出る危険性が高いと思われます。しかし、安倍首相の前途はそれほど容易なものではなく、多くの難問が待ち受けています。

第一に、「政治とカネ」の問題です。今回の第3次内閣でただ一人、江渡防衛相だけが再任されませんでした。江渡さんは閣僚の椅子の「防衛」に失敗したわけですが、それは「政治とカネ」の問題で野党から追及されていたからです。これから、集団的自衛権の行使容認など安保法制についての審議が行われますから、その妨げになってはいけないということで再任を辞退したそうです。

しかし、他の閣僚には「政治とカネ」の問題がないのでしょうか。11月末に公表された政治資金収支報告書では問題のある使われ方や不実記載などが続々と判明していますから、今後、通常国会でもこれらの問題が追及されることは避けられません。

第二に、安倍改造内閣が「目玉」としていた地方創生の問題です。すでに、ＴＰＰ参加や労働者派遣法改定とも関連して指摘しましたが、これについて安倍政権がやろうとしていることはアクセルを踏みながら同時にブレーキを踏んでいるようなものです。

地方を元気にするためには、地域社会を担っている農家や中小業者、労働者が希望をもって働くことができ、安定した収入が得られるようにしなければなりません。しかし、ＴＰＰで農産物の関税が下がり、非関税障壁の撤廃ということで中小業者への保護がなくなり、非正規労働が拡大して収入が減れば、地方社会の活力は低下するばかりです。

安倍首相が行おうとしている財政支出による補助金や公共事業では、地方再生にほとんど効果のないことはこの間の経験で証明済みです。農業の生き残りのためということで「農業改革」を打ち出し、

「岩盤規制」に穴を開けようとしていますが、結局それは農地の規模拡大と企業の進出によるビジネス・チャンスの創出にすぎず、そのために邪魔になるＪＡ全中と農業委員会の影響力を弱めようとするものです。その結果、地方社会を実際に担っている農家経営の衰退をもたらし、農村の荒廃を促進するだけでしょう。

第三に、同じく、女性の活躍推進という問題です。これについても、安倍内閣が打ち出しているのは「エリート女性」の社会進出とキャリア・アップの支援にすぎません。

社会の底辺で差別され、多くの困難を抱えている「ノン・エリート女性」は切り捨てられたままで、雇用改革による非正規労働の拡大はこのような女性の困難を解決するどころか、さらに増大させるだけです。ひとり親の女性や子育て支援などについても効果的な施策はなく、女性の家事労働を減らすためには男性の残業をなくすしかないのに「残業代ゼロ」法案を準備して労働時間を延ばせるようにするなど、まったく逆行していると言うしかありません。

そもそも安倍首相は、従軍慰安婦についての発言にみられるように女性の人権についても無頓着です。女性活躍推進担当相も、戦前の教育を再評価して伝統的な子育てに回帰することを推奨する「親学」の信奉者を据えるというチグハグさです。

「戦後70年」で問われる日本の進路

今年は、１９４５年の敗戦から数えて70年目に当たります。この「戦後70年」の年に、日本の進路が問われています。

そこで注目されるのが、周辺諸国との関係をめぐる問題です。安倍首相は周辺諸国との新たな対立や摩擦を引き起こすことなく戦後70年を乗り切り、中国や韓国との本格的な関係改善を実現できるのでしょうか。

問題は安倍首相が行っている個々の政策だけでなく、安倍晋三という個人が中国や韓国の首脳の信頼を全く得られていないという点にあります。これら両国との間がギクシャクしているのは安倍首相が植民地支配と侵略戦争を反省していず、戦前の日本を肯定し美化することは戦後の日本を否定し貶めることになるということを全く理解していない点にあります。

かつての枢軸国の中で未だに周辺諸国との完全な和解が得られず、不和を引きずっているのは日本だけです。安倍首相は15年1月25日のＮＨＫの番組で、戦後70年に当たっての談話について「植民地支配と侵略」「痛切な反省」「心からのお詫び」などのキーワードを同じように使うかと問われて、「そういうことではない」と明言しました。

もし、70年談話が侵略戦争や植民地支配に対する反省に言及していなかったり、責任逃れや弁護、従軍慰安婦問題の否定など、少しでも戦前の「日本を取り戻す」ようなトーンを帯びたりしていれば、たちどころに批判を浴びて外交問題に発展し、日本の国際的な孤立を深めることになるでしょう。

それについては前例があります。13年末の安倍首相による靖国神社参拝については米政府も「失望」を表明し、アジアのみならずＥＵ諸国やロシアまで批判的な態度表明を行い、日本は完全に国際社会で孤立しました。

国際社会が注視しているなかで、集団的自衛権の行使容認をめぐる問題も政治の焦点に浮かび上がってきています。その法制化に向けて、これから本格的な準備のプロセスに入るからです。そのためには、公明党の「壁」、内閣法制局の「壁」、世論の「壁」という「3つの壁」を突破しなければなりません。

公明党との間では、適用範囲を日本周辺に限るのか、機雷封鎖解除にまで適用するのか、それを停戦以前でも可能とするのかなどの点についての微妙な「ズレ」が存在しています。また、安保法制の改定という点では、5月の連休明けという目途が示されていますが、内閣法制局が了承しなければ国会に法案を出せません。これまでの解釈をどこまで変えて、それをどのように条文に反映させるのかという点で法制局の対応が注目されます。

もし、この2つの「壁」を突破することができても、最後の世論の「壁」を突破するのは容易ではないでしょう。共産党が勢力を増やした国会で本格的に審議されますから、その問題点や危険性はいっそう明らかになり、大きな大衆運動が盛り上がるにちがいありません。

安倍政権が多くの難問やジレンマを抱えていながら「この道しかない」というのは、すでに問題の解決能力を失っているからです。実際には「別の道」もあるのに、その道を見つけるだけの能力がないから「この道」しか見えないのです。

見る力がなく見ようとしなければ見つけることはできません。他の選択肢や別の解決策を見つけられないほどに統治能力や政策能力が衰えてしまったのが、今の自民党であり安倍首相なのです。

この先、安倍首相の思い通りの政治運営がなされるとすれば、それは民意を無視した「逆走」であり、国民にとっての「大惨事」をもたらすことは必然です。逆に、安倍首相が世論と激突して政権の座を引きずり下ろされれば、それは安倍首相にとっての「大惨事」となることでしょう。

(2) 日本の「明日」としての沖縄

普天間基地の移設と辺野古での新基地建設

普天間基地返還要求運動は95年の米海兵隊員による少女暴行事件がきっかけとなって高まりました。しかし、このときの日米首脳会談で橋本首相は「普天間返還」を求めず、先にそれを言い出したのはクリントン米大統領の方だったのです（春名幹男『秘密のファイル（下）』新潮文庫、2003年）。その後の非公式協議でも、「彼らはわれわれ（＝米軍）を沖縄から追い出したがらなかった」（モンデール元駐日大使）という証言があります。

他方、基地の前方展開を最小にして機動力を生かすという海外駐留米軍のトランスフォーメーションによって、03年から米国政府は海外基地の整理・縮小を進めてきました。米軍普天間基地の移設計画もその一環でした。それは必ずしも県内移設を前提とするものではなかったのです。

最近では、「中国の弾道ミサイルの発達で沖縄の米軍基地は脆弱になった」として、「固定された（米軍）基地の維持より、複数の基地を巡回することを重視すべきだ」という立場から、「沖縄の海兵隊については、10年後も今と同じ役割を果たす必要があるのか、また現在の位置が最善なのかを問い直すべきだ」（米ハーバード大のジョセフ・ナイ教授）という意見も出てきています。軍事的な合理性から言えば、グアムやハワイなど、もっと遠くに移設したり、巡回したりする方が望ましいというわけです。

現に、米国防総省が発表した国防戦略見直し（ＱＤＲ）は、海兵隊のグアム移転を進めると明記し、上院は予算の凍結を解除しました。また、国防予算の大幅削減によって欧州の米軍基地・施設15カ所を閉鎖・統合して駐留を縮小する再編計画を明らかにしています。

それにもかかわらず、在沖米軍基地の整理・縮小が進まないのは、在日米軍の駐留経費を負担する日本の「思いやり予算」によって日本駐留が安上がりになっているからです。「国の借金」は1千兆円を突破し、とても米国を思いやれる余裕などはないはずです。沖縄の基地軽減を阻む元凶となっている「思いやり予算」は直ちに削減されなければなりません。（図表28参照）

図表28　米軍への「思いやり予算」の推移

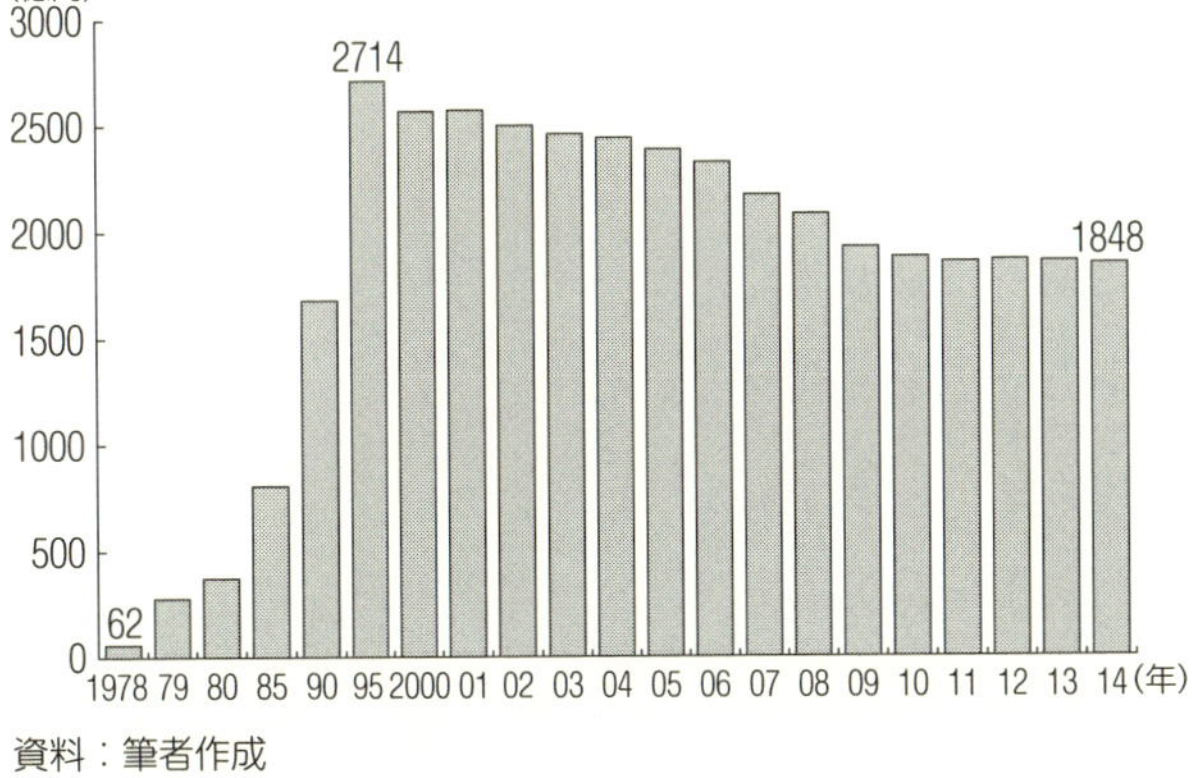

資料：筆者作成

沖縄米軍基地の現状維持を望んでいるのは、米政府ではなく日本政府の方なのです。日本政府が米軍普天間基地の辺野古への代替基地新設を提案したのは、それが「抑止力」となって沖縄と日本の安全を高めるという幻想にとらわれているためです。同時に、「たとえば尖閣列島でなにかいざこざがあったときに、ほんとうに米軍が出てくるか」(新基地建設で合意した時の額賀元防衛庁長官)という懸念を払拭するために、米軍基地を「人質」に取るという思惑もあるのでしょう。

しかし、「抑止力」は思い込みにすぎません。沖縄の米軍基地の強化は中国の軍拡を抑制するのではなく、その誘因となってきました。軍事力によって相手を押さえつけようとすれば、それに対抗しようとします。相互の軍拡競争が生じて緊張が高まり、偶発的衝突の可能性が生まれ、かえって安全は低下してしまいます。これが安全保障のパラドクス(逆説)です。

辺野古での新基地の建設は、沖縄の美しい海と豊かな環境を破壊し、周辺諸国との緊張を激化させ、地域とコミュニティを分断し、経済と産業の発展を阻害することになります。このような愚行は直ちにやめなければなりません。安倍政権は、沖縄県民の痛切な声を真摯に受け止めるべきです。

沖縄の翁長雄志県知事の誕生と総選挙の小選挙区で統一候補全勝をもたらした中心組織は、14年7月に結成された「島ぐるみ会議」と「オスプレイ配備撤回、普天間基地閉鎖、辺野古移設断念」の「建白書」運動でした。沖縄県は「ワシントン駐在員事務所」を開設して米政府・議会・メディアなどへの直接の働きかけを始め、15年4月以降、知事が沖縄各界の代表を率いて訪米し、県としての外交交渉を行う計画です。「横から」の圧力を強めようというわけです。

それと並行して、島ぐるみ会議は全国に衆参議員や発起人・共同代表などの有力者を送り込んで集会やシンポジウムを開き、各地方議会の支持を求めるキャンペーンを展開するそうです。「下から」の働きかけにも取り組もうというわけです

このように、「横から」と「下から」の圧力をかけながら、知事の訪米とタイミングを合わせて米国

の平和団体・環境団体とも協力し、米議会やホワイトハウス前で大規模な「ワシントン・パレード」を行おうとしています。沖縄の全市町村長・議会議長・議員が「建白書」を掲げて東京で集会とデモ行進を行った13年1月28日の「東京行動」を今度は米国の首都で、もっと大きな規模で再現しようというわけです。

これが実現すれば、米メディアも大きく取り上げて米政府を「辺野古断念」に傾けさせるきっかけとなるにちがいありません。沖縄での「一点共闘」はさらなる発展を遂げようとしています。

「一点共闘」から統一戦線へ

「一点共闘」とは、特定の要求課題で足並みをそろえて共同行動をとることです。共に戦うから「共闘」です。「一点」を強調するのは他の課題や政策では共同できないことを前提にしているからで、もともと異なった政治的立場や潮流間での「共闘」を目標としています。

安倍首相は多くの懸案事項を一挙に解決しようとしているため、重要課題が増えて戦線が拡大しました。それぞれの課題をめぐって国民の要求との矛盾も増大しています。与党の攻勢を阻むことが必要になっていますが、「一強体制」と言われるような力関係ですから、野党がバラバラでは効果がありません。そこで、力を合わせるための方策として「一点共闘」が重要になります。

「共闘」と言っても、狭く捉える必要はありません。互いに支持を表明しあったり、政策への賛同を明らかにしたり、共同声明に署名をしたりというレベルでも良いでしょう。それが、具体的な課題の実現を求めるデモや集会に結びつけば、なおけっこうです。改憲や集団的自衛権行使容認に反対する運動では、このような新しい動きが始まりました。

安倍政権の「戦争する国」づくりに対して、「戦争をさせない１０００人委員会」「解釈で憲法９条を壊すな！実行委員会」「戦争をさせない！憲法を守りいかす共同センター」の三団体が広範な共闘組織である「戦争をさせない・9条壊すな！総がかり行動実行委員会」を結成し、大規模な共同行動に取り組もうとしています。これには、全労連や新日本婦人の会などでつくる「憲法共同センター」と憲法会議だけでなく、連合傘下の自治労や日教組も加わりました。

このような結びつきや運動の展開は、特定の課題を通じての点と点の結合にすぎないかもしれません。しかし、政権による攻勢は多岐にわたり、矛盾も深まっています。安倍政権と対決して「共闘」できる課題は一つや二つではなく、個々の重要課題をめぐって成立した多様な「一点共闘」が重なり合っていくこともあるでしょう。

そうなれば、それはもはや「一点」共闘ではありません。「点」が連なって「線」になります。共通した要求課題での行動の統一を通じての「明確な政治目標をもった持続的な共同闘争の体制」、すなわち「統一戦線」の結成ということになります。その意味で、「一点共闘」は統一戦線の萌芽的な形態であると位置づけることができます。

沖縄での経験は、米軍基地の存在という特別な事情があります。しかし、生活と平和の危機を打開することをめざし、地方や地域を基盤に、保守を含めた人々と共同することができれば、どこでも大きな力を発揮することは可能です。この意味では、沖縄の姿は決して例外ではなく、日本の「明日」を示す典型であり未来に向けての希望なのです。

選挙や政党支持にも影響

大衆的な運動における「一点共闘」の拡大は、選挙や政党支持率にも大きな影響を与えています。このような「一点共闘」の事実上の広がりは、それ以前からも徐々に生じていました。たとえば、11年秋の被災3県の県議選では共産党候補が躍進していますが、その背景には東日本大震災の復旧・復興支援での「一点共闘」的な取り組みがありました。

また、米軍普天間基地移設や米兵犯罪、オスプレイの配備・訓練の強行に対して島ぐるみの反対運動が展開されてきた沖縄では13年参院選でも野党共闘が成立し、糸数慶子候補が自民党候補を破って当選しています。

このような中で、共産党の支持率にも変化が生じました。一時的ではありましたが、13年8月25日に放映されたフジテレビ「報道２００１」の世論調査で共産党の支持率が自民党に次ぐ第2位となって注目を集めました。『日本経済新聞』13年9月30日発表の世論調査でも、共産党の支持率は６％となって自民党の55％に次いで第2位となっています。

ここで留意しなければならないのは、このような社会運動と政党支持の広がりとの関係は「結果的にそうなる」ものでなければならないということです。支持拡大のための「一点共闘」ではなく、「一点共闘」はあくまでもその「一点」での具体的成果を獲得するためのものだということを忘れてはなりません。

運動の過程において、それに参加している党派の利害との不一致や衝突が生ずる場合があります。その際でも運動の発展を優先するべきです。その結果、党派にたいする信頼が高まり、支持が増えるという結果がもたらされるという関係でなければなりません。もし、これが逆になれば、支持拡大のために運動を利用しているのではないかとの疑念を生み、かえって支持を減らすことになるでしょう。

国民の要求があり、その実現が阻まれれば政治的な争点となります。その解決を目指して多くの人が発言し行動に移れば、社会運動が発生します。そのような運動は多くの人が参加すれば幅がひろがり、政治を動かす力が高まり、要求が実現する可能性も増すことになります。そのために、できるだけ多くの人の参加を可能にする手だてが「一点共闘」なのです。

そのような「共闘」が多様に重層的に展開されれば、多くの要求や課題での連携や共同が生み出されます。こうして、一時的ではない中・長期的な共闘が実現し、組織的にも強固なものとなって「持続的な共同闘争の体制・組織」が生み出されれば、それは統一戦線へと発展するでしょう。

政治を革新するための三つの目標に基づく統一戦線であれば、それは革新統一戦線にほかなりません。このような統一戦線を基盤にした多党派連立の民主的政府が民主連合政府です。そのような高い目標に向けての歩みが、いま「一点共闘」という形で始まったのではないでしょうか。

沖縄での統一戦線の萌芽形態の誕生

沖縄では「建白書」運動と「島ぐるみ会議」を基盤に「オール沖縄」の力で翁長県知事の当選を勝ち取りました。その余勢をかって総選挙では小選挙区での選挙協力に成功し、1区で共産党の赤嶺政賢、2区で社民党の照屋寛徳、3区で生活の党の玉城デニー、4区で保守系無所属の仲里利信の各候補者が議席を獲得しました。「小選挙区だから当選は無理」とあきらめず、「一点共闘」によって小選挙区でも勝利した点は極めて大きな成果です。

今後、他の小選挙区でも「原発再稼働反対」「TPP（環太平洋経済連携協定）からの脱退」「消費税再増税反対」など、それぞれの県や地域において特に重要な争点になりうる課題で「一点共闘」を実現し、共同で推す候補者の擁立に成功すれば、自民党候補にも十分対抗できるでしょう。

このような新しい経験が生まれたのは、第一に、安倍政権による民意の無視と激しい攻撃によって強い反発が生み出されたからです。私の言う「反響の法則」の沖縄版だと言って良いでしょう。選挙のたびに示されてきた新基地建設反対の民意はことごとく無視され、辺野古での基地建設が着工されました。このような民主主義無視の暴挙に対する危機感と怒りが、イデオロギーを超えた団結を促す結果になったのです。

第二に、その結果、保守勢力の中に亀裂が生じました。これまで通り政府の言うままに基地に依存した沖縄であり続けるのか、それとも、少しでも基地を減らし、基地に依存しない形で沖縄の未来を展望するのか、という見解の違いが生じたのです。基地に依存しない形での沖縄の発展を展望する保守勢力は革新勢力との共通の基盤に立つことになり、ここに共同の基盤の形成という新しい可能性が生まれました。これが「オール沖縄」の「島ぐるみ会議」を生み出した政治的な背景だったのです。

第三に、このような新たな状況の誕生は沖縄だけに限りません。この間の様々な運動でも生まれてきています。民意を無視した強権的な政治運営は国民の危機感と反発、ときには強い怒りを引き出し、保守勢力との事実上の「共同の輪」が形作られてきました。

そのような「輪」に、古賀誠さん、加藤紘一さん、野中広務さんなどの自民党幹事長ＯＢ、第一次安倍内閣での法制局長官だった宮崎礼壱さんや小泉政権での法制局長官だった阪田雅裕さん、防衛庁長官官房長などの旧防衛官僚だった柳沢協二元内閣官房副長官補、『戦後史の正体』というベストセラーの作者で外務省国際情報局長や防衛大学校教授を歴任した旧外務官僚の孫崎享さん、改憲派として知られていた小林節慶応大学名誉教授、二見伸明元公明党副委員長などが続々と加わってきたのです。

このような新たな条件、可能性、経験を、これからも生かすことができるなら、日本政治を変える新しい展望を切り開くことができるでしょう。そのような日本政治の「明日」を、沖縄は先取りしていたのではないでしょうか。そのために、どのような役割を果たすべきか、どう自らの運動を刷新していくべきかが、革新運動や労働運動に問われているのです。

（3）革新運動・労働運動の役割とその刷新

新たな局面への対応

安倍首相の再登場とその「暴走」によって、日本の政治状況は大きく変わりました。戦後政治の全面的な反動化と戦争への加担を目指し、海外で「戦争する国」づくりへの本格的な攻勢が始まったからです。このような変化を踏まえ、新たな局面への対応に努めることが革新運動・労働運動にも求められています。

第一に、「極右」対「保守」の対抗という、これまでにない局面が生じました。安倍首相は従来の保守とは異なる急進的な右翼民族主義者として、これまでの自民党政治の枠組み自体の改変を課題としています。そのために、旧来の保守体制を担ってきた勢力との一定の亀裂と矛盾を引き起こすことになりました。

第二に、このために「保守」と「革新」との間に新たな関係を構築する可能性が生まれています。とりわけ、9条改憲、集団的自衛権行使容認、沖縄の新基地建設、消費税再増税、原発再稼働、TPP参加などの課題をめぐって、良心的な保守無党派層と革新勢力との主張や要求の共通性が生ずることになりました。

第三に、このようななかで、青年・学生層でも放射能の恐怖や戦争への不安が増し、政治への関心が高まり、行動へのエネルギーも強まっています。特に、脱原発に向けての官邸前行動、特定秘密保護法や集団的自衛権行使容認に反対する運動、安倍やめろドラムデモなど、多彩で独創的な運動への若者の参加も目立つようになりました。

第四に、これらの要求や運動はいずれも生活向上・民主主義・平和という目標にもとづく政治革新なしには実現できません。それは革新三目標と革新統一戦線※の今日的な意義の高まりということであり、革新運動にとって有利な条件が新たに生じたということを意味しています。

革新運動・労働運動の刷新に向けて

このような新たな条件を生かすかたちで、革新運動や労働運動の刷新を図ることが必要になっています。そのためには、以下のような点に心掛けることが大切でしょう。

※革新三目標と革新統一戦線

「国民が主人公」の新しい日本に向けて、①経済を国民本位に転換し、暮らしが豊かになる日本をめざす、②憲法を生かし、自由と人権、民主主義が発展する日本をめざす、③安保条約をなくして非核・非同盟・中立の平和な日本をめざす、という目標が革新三目標。それに賛同するあらゆる個人・党派の協力・共同が革新統一戦線である。

第一に、個々の政策課題での要求の一致に基づく共闘の実現に力を入れなければなりません。このような「一点共闘」によって、運動の幅を画期的に拡大することが必要です。共同のあり方についてもイメージを豊かにする努力が欠かせません。また、政党や労働組合、民主的な団体や市民層の提携は垂直型ではなく対等・平等な水平型とし、民主的な運営に心掛けることが大切です。

その際、一致する課題以外の他の問題での違いを言い立ててはなりません。そもそも他の問題での違いがあることは前提で、そのような違いがあってもなお一致できる点での共同をめざそうとしているのですから。

第二に、新たに運動に加わる人々の過去を問わないという態度が必要です。これまでどのような立場でいかなる主張を行っていた人でも、現在の課題において共同できるのであれば手を結ばなければなりません。行動への参加は、価値観の変化を伴っているからです。

それまでの立場や主張、価値観を変えて協力しようというわけですから、その過去を問題とすれば協力は不可能になってしまいます。人間は変化するものであり、様々な運動によるアピールや説得などの働きかけは、このような積極的な変化を人びとの内面に呼び起こして古い価値観から抜け出してもらうことをめざしているのですから。

第三に、運動の継承と発展のために、若者の参加と世代の交代などに留意することです。ベテランや高齢者の知恵と経験は貴重ですが、若者の参加は運動の継承にとって不可欠です。そのために、若者の参加しやすい企画や場の設定に配慮しなければなりません。

幅広いテーマでの社会運動が活発になり、運動に参加したことのない「普通の人」も加わるようになってきています。若者をはじめ女性や子どもなども参加しやすいような行動の提起、行動のスタイルを工夫しなければなりません。そのような新しい経験も生まれてきており、それに学ぶ必要があります。

第四に、そのためにも運動手法の刷新が必要です。ＩＴ手段の活用などバーチャルな世界と、集会、デモ、署名活動、シンポジウム、講演会や映写会などのリアルな世界とを組み合わせることで若者など幅広い層への情報発信に努めることです。その点で、ツイッターやフェイスブックなどＳＮＳ手段が有効であることは、この間の経験でも明らかになっています。

自己革新によって成長を続ける組織こそ、次の世代を引き付ける魅力を発揮することができます。革新運動や労働運動にかかわる運動体も、そのような組織であってほしいと思います。

今日の日本政治が陥っている混迷状態を脱し、新たな政治革新の実現に向けて革新運動や労働運動が大きな役割を発揮することを期待しています。安倍政権と真正面から対峙して暴走をストップさせ、政治を根本的に変革することなしには、日本という国の未来は開けないのですから。

労働運動の発展に向けて

労働組合運動の発展に必要なことは、第一に、労使癒着と企業主義からの脱却です。企業別組合のあり方としては労使の癒着、労使の協調、労使の対立という形があり得ますが、職制と役員の重なり、企業内でのキャリアパスへの組み込み、労働組合に相談すると不利益を被る（第二労務部としての実態）ような労使の癒着は、労働組合としての自己否定につながります。

このような問題を避けるためには、組織のあり方を改め、単組に対する産別とＮＣ（ナショナルセンター）の指導性の強化や個人加盟のユニオンの並立などについて工夫する必要があります。また、ユニオン・リーダーのあり方としても、ラインと共にスタッフを登用し、企業内での昇進階梯の一部としないことや企業からの便益供与のあり方などについても再検討する必要があるでしょう。

第二に、異なった潮流間の共同の推進が必要です。13年10月に「雇用共同アクション」が結成され、全労連、全労協、日本マスコミ文化情報労組会議（ＭＩＣ）が事務局団体となりました。このような経験をさらに発展させなければなりません。非正規労働問題への取り組みにおいて、全労連や全労協と共同歩調を取る条件は十分に存在しています。

また、12年7月に郵政産業労働者ユニオンが結成されました。これは全労連傘下の郵政産業労働組合と全労協傘下の郵政労働者ユニオンとが組織統一したもので、全労連と全労協の両方に加盟しています。安倍首相の進めようとしている教育改革への対応では、日教組と全教、公務員制度改革への対応でも、自治労と自治労連が共同を進める条件があるように思われます。

第三に、社会的なアピール方法の改善です。労働組合は組織された社会運動団体としては最大であり、ストライキという強力な武器を持っています。しかし、この武器がほとんど使用されず、錆び付いているのが現状です。このような「ストレス社会」（ストのない社会）から脱却し、必要な場合はストライキに訴えること、紙と室内ではなく音と街頭でのアピール（デモの復権）など、集団的な実力行動の復活が必要です。

同時に、脱原発官邸前行動、秘密保護法案反対運動の教訓に学び、インターネットなどのＩＴ（情報・通信）手段を活用すること、ＮＰＯとの連携や組合員のＮＰＯへの参画、反貧困運動・貧困者ネットワーク・年越し派遣村の教訓などにも学び、ステレオタイプ化された古くさいイメージを払拭することに努めなければなりません。

第四に、労働組合組織率の向上です。労働組合の力は数であり、仲間をふやしてその力を強めることが必要ですが、14年6月末時点で前年比0・2ポイント減の17・7％になってしまいました。職場闘争の強化を組織化に結びつけ、組織率を高めなければなりません。（図表29参照）

東日本大震災以降、「絆」の大切さが再認識されましたが、労働組合は血縁や地縁ではなく志《こころざし》にもとづいたつながりです。その縁《えにし》を生かした「絆」こそが労働組合であり、分断され孤独な状況にある人々に救いの手をさし伸べることが組織化なのです。このような人々に居場所を提供し、愚痴を言い合ったり相談したり、仕事を教え合ったり悩みを打ち明けたり、支え合ったりするような場になってもらいたいものです。

職場、産業、地域、職能の重視

労働運動の発展のためには、職場、産業、地域、職能の重視という視点も重要です。

第一に、職場闘争の重視です。資本と労働者が日常的に対峙している労働の現場こそが主戦場であり、労働組合運動の基本は職場闘争にあります。職場での要求を大切にして共に働く仲間との絆を強めることは、労働組合運動の原点にほかなりません。全ての運動はここから出発します。

確かに、民間大企業での職場の状況は厳しく、まともな労働組合運動が入り込める余地は多くありません。だからといって、そこを回避して別の運動領域を探すような消極的な態度では運動は発展しないでしょう。職場での運動を背景としなければ地域での運動も根なし草になってしまいます。職場での運動と地域での運動が連携し、互いに刺激しあい、経験を学びあうことで相互の発展を目指してもらいたいものです。

第二に、同一産業に属する複数の企業別労働組合が共同して取り組む産業別統一闘争の重視です。日本の労働組合の多くは同一企業内での正規男性労働者によって組織され、企業間競争の影響を受け、企業規模や経営状態などによって活動に差異が生じやすいという弱点があります。その結果，企業との癒着や労使協調、組合分裂などがもたらされる傾向も強まります。

このような弱点を克服するためには、企業の影響力を弱めなければなりません。「企業の論理」に

図表29　雇用者、労働組合員数及び推定組織率の推移

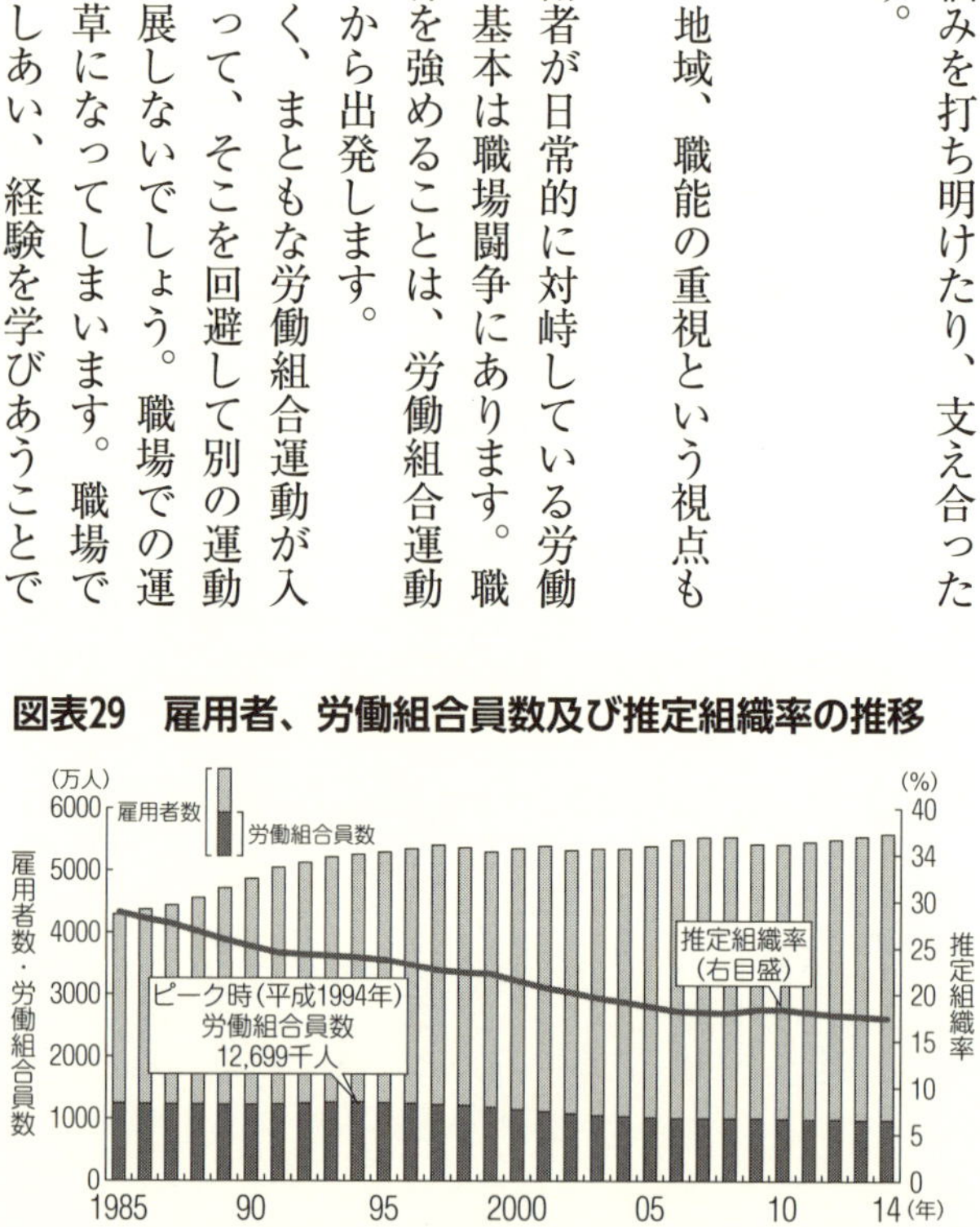

資料：「労働組合基礎調査」（厚生労働省、2014年）

「労働者の論理」を対置できる組織上・運動上の工夫が必要になります。その一つが同一産業での共同行動であり、毎年春に賃上げと時短などの要求を掲げて日程を調節し、統一行動を展開する春闘がその代表的な例です。このような企業を横断した産業別での統一闘争によって、企業別組合の弱点を克服する努力が欠かせません。

第三に、地域での組織化と運動の重視です。このような地域を基盤にした運動の展開も、企業別組合が持っている弱点を克服するうえで有効な取り組みだといえます。この点では、地域を基盤にした個人加盟組合の運動など、地域合同労働組合の取り組みや社会運動ユニオニズムが注目されます。

全労連の組織方針はローカルセンターを重視し、産業別組合と同等の代表権を与えています。この点で、地域独自加盟組合の産別への整理を打ち出していた連合の組織方針とは異なっていました。しかし、その後、連合もローカルユニオンの存続を許容するようになり、96年10月以降、地連が主体となって「地域ユニオン」を発足させ、地協展開を提起しています。

今後、地域での労働組合と市民団体や民主団体、労福協や労金・全労済、生協、ＮＰＯなどとの連携強化や共闘を通じて、公契約条例の制定や非正規労働者の処遇改善、中小企業への支援策の実現など、上部団体の違いを越えた共同闘争の展開はますます重要になります。

第四に、クラフトユニオン（職種別・職能別労働組合）の可能性を追求することです。専門性にこだわった要求を重視する労働運動の展開であり、自らの仕事の意味を問い直す運動にも積極的に取り組む必要があります。

この点では、教研集会や自治研集会、医療研運動などの経験や、全国建設労働組合総連合（建設総連）、ＭＩＣなどの活動が参考になるでしょう。今後、単産の傘下組合、単産内の部会、単産内クラフト部門などの自立やコミュニティ・ユニオンからの分化などという形でのクラフトユニオンの設立が考えられます。その場合、職種や職能に基づいた専門的な要求を重視した組織化という視点が重要です。

階層別での取り組みの強化

労働運動の発展のためには、階層別での取り組みの強化も重要な課題です。

第一に、青年労働者の組織化と労働者教育、後継者の育成という課題があります。これは、基本的には、それぞれの労働組合内での青年労働者の組織化と教育という課題です。

また、学校教育での職業的基礎教育と労働法教育も重要です。青年労働者における「働く能力」と「抵抗できる能力」の育成、ユニオン・サマーや組合オルグなどの企業の外での活動家の育成と供給、全員加盟組合における「組合員の組合離れ」を防ぐための方策としての一般組合員への教育、ユニオン・リーダーの育成のための幹部教育なども重視されなければなりません。

第二に、女性の組織化と比率の向上を図るべきです。これも、女性ユニオン東京、女性ユニオン名古屋、女のユニオン・かながわ、北海道ウイメンズ・ユニオンなどの個人加盟組織が存在しますが、基本的には各労働組合内での女性組合員の増加や活動への参加比率の向上です。そのためには、女性の働き方や処遇の改善、女性が組合活動に参加しやすいようなスタイルの刷新、役員比率増大のための特別措置の採用などが必要でしょう。

第三に、高齢者の組織化と戦力化に取り組み、高齢者独自の組合の組織化やOBの組織化・戦力化を図るという課題があります。今後、組合活動を中心的に担ってきた団塊の世代の大量退職が続きます。これらの旧幹部がいつまでも後輩のやり方に干渉したり口を出したりすることは控えるべきですが、側面から支えることは検討されるべきでしょう。

その意味で、組合OBの戦力化を図ることは緊急の課題になっています。退職者の組織化を進め、各組合におけるOB組織（退職者会）の結成と充実とともに、退職後一定期間、組合員としての資格を維持できる退職者組合員制度や組合役員の顧問制度、現役組織に対する退職者からの金銭的サポートの提供なども検討される必要があります。

労働組合は働く人々の経済的利益の実現と擁護をめざす大衆団体であって革命組織ではありません。同時に、賃金・労働条件の改善のために政治課題にも取り組み、政治変革をめざすという役割も担っています。しかし、日本の労働組合の多くは企業別組合で、会社に癒着したり、過度に協調したりしすぎるため、賃金・労働条件の改善という点でも、それらの課題を達成するための政治変革という点でも、十分な役割を果たせなくなっています。

その結果、日本社会も機能不全に陥ってしまいました。ワーキングプアが増大し、結婚して子どもを生み家庭を維持するに充分な賃金を得られず、子育てが不可能になるような働き方を強いられ、労働力の再生産が阻害されて人口は減り続け、消費不況が深刻化して社会と経済は壊れつつあります。それは資本の側にとっても無視することのできない深刻な問題です。

このような現状を打開するためには、労働組合が会社との癒着や過度の労使協調を改め、自立することが必要です。そうすることによって資本の強力な支配力を牽制する力を持ち、労使双方の立場と利害の違いを認めつつ主張をぶつけ合って均衡点を見出す能力を身につけなければなりません。

労働組合は今日の日本における社会的な結集体としては大きな勢力を擁しています。しかし、その存在感と影響力は年々低下してきました。今日の日本が陥っている困難のいくつかは、そのような労働運動の弱体化の結果としてもたらされています。

労働組合は生産点に拠点を置くという強みを生かしつつ巨大な社会運動団体としての発言力を回復しなければなりません。そうすることで、社会を変えていくという大きな役割を発揮してもらいたいものです。そのような労働運動の復権なしに、日本の明るい未来を構想することは難しくなってきているのですから。

あとがき

「私は全身全霊を傾けて、戦後以来の大改革を進めています。すべからく新たな挑戦であります。当然、賛否は大きく分かれ、激しい抵抗もあります。

しかし、今回の総選挙で、引き続きこの道を真っすぐに進んでいけと国民の皆様から力強く背中を押していただきました。信任という大きな力を得て、内閣が一丸となって有言実行、政策実現に邁進していく。その決意であります。」

これは、総選挙後に首班指名を受けた安倍首相による記者会見での発言です。新たな「暴走宣言」(「逆走宣言」?・)だと言って良いでしょう。たとえ「賛否は大きく分かれ、激しい抵抗」があったとしても、「戦後以来の大改革」に向けて「内閣が一丸となって」邁進していくというのですから。

「今回の総選挙で、引き続きこの道を真っすぐに進んでいけと国民の皆様から力強く背中を押していただきました。信任という大きな力を得て」という部分に、安倍首相の狙いがはっきりと示されています。こう言って、これまでの「暴走」をさらに加速させるためにこそ、今回の総選挙は実施されたわけです。

「憲法改正は自民党の悲願であり、立党以来の目標だ」と首相が言うように、こうして進められようとしている「戦後以来の大改革」の中心には明文改憲の狙いが据えられています。さし当りそれは、国会での発議要件の充足という上からの改憲準備と、国民投票での過半数の賛成の獲得という下からの改憲準備を並行させる形で取り組まれようとしています。衆参両院での3分の2を上回る改憲勢力の形成を図りつつ、同時に「草の根」での改憲世論を盛り上げていこうというわけです。

こうして、改憲の危機はかつてなく大きく、現実的なものとなってきました。このような危機を打ち破るためには、国会内での野党や公明党の動揺を抑えつつ、改憲を提起できないような世論と力関係を「草の根」レベルでも生み出さなければなりません。憲法をめぐる対決の戦線は拡大し、私たちの身近にまで及んできていると言うべきでしょう。

改憲を阻むためには、第一に、衆参両院での改憲勢力による3分の2の突破を阻止すること、第二に、国会論戦や憲法審査会などで改憲に向けての意図や準備を打ち砕くこと、第三に、国民的な大運動によって改憲阻止の世論を高めていくことが必要です。改憲阻止に向けての取り組みは、選挙、国会、世論という三つの「戦線」で同時並行的に推進されなければなりません。そのためには、事実を知り、学び、伝えることが重要です。

9条護憲の国民的な大運動を展開するためには、結集できる限りの広範な勢力を糾合することも必要です。今日の政党間の力関係において改憲の危機を阻むことは容易ではなく、一党一派によって成し遂げられるような生やさしい課題ではありません。そこで、改憲阻止の一点での共同と大同団結を呼びかけたいと思います。

私事になりますが、71年9月10日、当時、東京都立大学の学生であった私は、全共闘を名乗る暴力学生の一人に竹竿で右目を刺されて失明しました。事件の経過については、拙著『概説・現代政治――その動態と理論〔第三版〕』（法律文化社、１９９９年）の「あとがき」に詳しく書いてありますので、そちらをご覧ください。

傷がもう少し深かったら、私はこうして存在していなかったかもしれません。今、私の右目にはプラスチックの義眼が入っています。日常の生活には不自由はありませんが、片目での研究者生活には大きなハンディがあり、目が見えなくなるかもしれないという不安もありました。大学からのリタイアを早めた理由の一つです。

本書をお読みの読者の中にも、かつて全共闘運動に加わった人がおられるでしょう。「新左翼」諸党派の一員としてゲバ棒を振るった人もいるかもしれません。私としては「恨み骨髄」と言いたいところですが、たとえそのような人に対しても呼びかけたいと思います。恩讐を越えて、過去はともあれ未来のために、ともに手を携えて力を合わせようではないかと……。

「戦争する国」に向けての危機を打開するためには、改憲阻止の一点で多くの人びとが手を結ばなければなりません。政治の右傾化を憂い、憲法の大切さと意義を認め、安倍政権との対決を覚悟するのであれば、たとえ「新左翼」や「保守」であった人々とも協力するべきでしょう。

最後にもう一度、訴えたいと思います。恩讐を越えて、力を合わせようではありませんか。この日本を、周りの国々と仲良くできる平和で自由な社会とするために、大切な命とまともな暮らしを守るために、四季に恵まれた美しい自然と豊かな国土を維持するために、そして、この国に生まれてくる子どもたちや孫たちの未来のためにも……。

【著者略歴】
五十嵐　仁（いがらし・じん）

1951年生まれ。新潟県出身
1974年、東京都立大学経済学部経済学科卒
1982年、法政大学大学院社会科学研究科社会学専攻博士課程単位取得
1983年、法政大学大原社会問題研究所兼任研究員。1996年、同研究所教授
2000年、米ハーバード大学ライシャワー日本研究所客員研究員（～2001年）
2008年、大原社会問題研究所所長（～2012年）
2014年、法政大学退職

【主要著作】
『一目でわかる小選挙区比例代表並立制』（労働旬報社、1993年）
『政党政治と労働組合運動』（御茶の水書房、1998年）
『概説・現代政治――その動態と理論〔第３版〕』（法律文化社、1999年）
『日本20世紀館』（共編著、小学館、1999年）
『戦後政治の実像――舞台裏で何が決められたのか』（小学館、2003年）
『現代日本政治――「知力革命」の時代』（八朔社、2004年）
『この目で見てきた世界のレイバー・アーカイヴス――地球一周：労働組合と労働資料館を訪ねる旅』（法律文化社、2004年）
『活憲――「特上の国」づくりをめざして』（山吹書店、2005年）
『労働再規制――反転の構図を読み解く』（筑摩書房［ちくま新書］、2008年）
『労働政策（国際公共政策叢書）』（日本経済評論社、2008年）
『18歳から考える日本の政治〔第２版〕』（法律文化社、2014年）

個人ブログ「五十嵐仁の転成仁語」http://igajin.blog.so-net.ne.jp/ を発信

『対決 安倍政権―暴走阻止のために』

発行　2015年３月12日　初　版　　定価はカバーに表示

著　者　　五十嵐　仁

発行所　　学習の友社
〒113-0034　東京都文京区湯島２－４－４
TEL 03(5842)5641　　FAX 03(5842)5645
振替　00100-6-179157

印刷所　㈲トップアート

ISBN978-4-7617-0696-8 C0036